W0074877

Horst   Cordula   Dietmar
Evers   Stratmann   Wischmeyer   u.a.

Und sie bewegt sich doch!

Bahngeschichten

Rowohlt · Berlin

Originalausgabe
Veröffentlicht im Rowohlt · Berlin Verlag, Juli 2023
Copyright © 2023 by Rowohlt · Berlin Verlag GmbH, Berlin
Illustration im Innenteil Priya Mistry
Satz Bennet Text bei Pinkuin Satz und Datentechnik, Berlin
Druck und Bindung CPI books GmbH, Leck
ISBN 978-3-7371-0172-1

Inhalt

Planmäßig ist hier nur die Überraschung:

Erlebnisse

Horst Evers
Der Vorfall

Es gibt eine Zeit vor dem Bandscheibenvorfall und eine Zeit nach dem Bandscheibenvorfall.

Sagt meine Physiotherapeutin. Bis zum Vorfall verbraucht man zumeist sorglos einen an sich üppigen Bandscheibenkredit. Nach dem Vorfall jedoch muss man diesen zurückzahlen. Mit Zinsen. Für den Rest des Lebens. Die Zinsen sind in diesem Falle die täglichen Rückenübungen. Dazu sonstige große Umsicht und gewissenhaftes Körperbewusstsein bei allen Dreh- und Hebebewegungen. Natürlich werde nicht sofort bei jedem kleinen Verstoß wieder unbedingt ein neuer Vorfall ausgelöst. Jedoch habe man nun so etwas wie einen Bandscheiben-Schufa-Eintrag, der eine neuerliche Kreditaufnahme bei der Rückenmuskulatur sehr schwierig mache, wenn nicht gar ausschließe.

Seit meine Physiotherapeutin sich selbstständig gemacht hat und dazu viele lange Gespräche mit ihrem Bankberater führen musste, haben ihre Metaphern gelitten. Finde ich zumindest.

Dennoch hat sie mir irgendwann erlaubt, wieder mit der Bahn auf Tournee zu gehen. Allerdings unter der Voraussetzung, dass mein Koffer weniger als zehn Kilo wiegt und ich ihn mir immer von anderen Reisenden in den Zug rein- und wieder rausheben lasse.

Seitdem hat sich mein Blick auf fremde Menschen verändert. Im Wesentlichen unterteile ich sie nun in zwei Gruppen: «könnte meinen Koffer tragen» und «könnte meinen Koffer nicht tragen». Wobei es bei der Gruppe «könnte meinen Koffer tragen» natürlich noch weitere Differenzierungen gibt. Beispielsweise in puncto: Wie groß ist das Risiko, dass der- oder diejenige, welche man bittet, mich womöglich in ein Gespräch verwickelt? Es könnte eines von unvorhersehbarer Länge sein. Welches ich dann schlecht ablehnen kann, da der- oder diejenige schließlich meinen Koffer getragen hat. Wahrscheinlich fahren wir ja im selben Zug. Das kann also eine lange gemeinsame Zeit werden. Denn als jemand, der die Bahn sehr mag und viel fährt, weiß ich eben auch: Die Bahn ist sehr viel besser als ihr Ruf. Ganz häufig bekommt man von ihr noch sehr viel mehr Fahrzeit dazu, als einem eigentlich zusteht.

«Bandscheibe!», jubiliert der Mann, den ich am Berliner Hauptbahnhof nach langem Abwägen endlich angesprochen hatte. «Das ist keine schöne Sache!»

Beherzt greift er sich meinen Koffer. Schon an der Art, wie er dies tut, erkenne ich, dass meine Wahl keine weise war. Er würde mein Gepäck wohl erst wieder loslassen, wenn er alles gesagt hätte, was ihm zum Thema Bandscheibe sowie auch zu allen anderen mehr oder weniger verwandten Belangen durch den Kopf ging. Dabei spricht er jeden einzelnen Satz wie einen Triumph: «Aber machen Sie sich mal keine Gedanken! So einen Vorfall! Den haben ja heutzutage oft auch schon Junge! Gesunde! Ganz fitte Menschen!» Womit er mich offensichtlich trösten will. Also mit der Aufzählung von Beschreibungen, die seines Erachtens auf mich wohl nicht mehr zutreffen. «Auch ganz normale Menschen haben das! Ich habe einen Kollegen!», begeistert er sich weiter selbst. «Der ist bestimmt zehn Jahre jünger als Sie! Macht jeden Tag Sport! Und hatte schon drei Bandscheibenvorfälle! Ist einfach so! Da steckt man nicht drin!»

Der Rhythmus seiner Sprache fasziniert mich. Ein Leben in Ausrufezeichen. Warum eigentlich nicht? Die gefühlte Lebensqualität erhöht es wahrscheinlich schon. Werden doch so vermutlich selbst die profansten Dinge und Neuigkeiten zum Ereignis:

«Oh! Frühstück! Wie schön! Ich habe Hunger! Das trifft sich gut! Vielleicht ein Ei! Ja! Ein Ei! Das esse ich doch häufig gern! Das schmeckt mir! Mmmh! Lecker! Das muss ich später meinem Kollegen erzählen! Auf Arbeit! Ich habe einen Kollegen! Der wird staunen! Wenn ich! Ihm von meinem Ei! Erzähle!»

Fühlt sich toll an. Je mehr ich über diese Art des Redens nachdenke, desto besser gefällt sie mir. Womöglich probiere ich das demnächst auch mal aus.

Meinen Koffer jedoch trägt und verstaut der Mann wirklich souverän. Er findet für ihn sogar einen ebenerdigen Gepäckplatz im Waggon. Wodurch ich ihn später ohne fremde Hilfe wieder greifen kann. Das passt mir. Allerdings stellt sich auch heraus, dass wir tatsächlich Plätze am selben Tisch reserviert haben. Genau gegenüber. Er freut sich.

«Oh! Wie schön! Wir sitzen zusammen! So ein Glück! Warten Sie! Dann kann ich Ihnen gleich mal Fotos zeigen! Von meinem Kollegen! Der sieht Ihnen sogar ein bisschen ähnlich!»

Schaue mir, warum auch immer, die Fotos seines Kollegen an. Denke spontan: wie, «ähnlich»? Also wenn das «ähnlich» ist, möchte ich aber anders aussehen. Was denkt der sich eigentlich? Das ist nun wirklich nicht das «ähnlich», das ich mir für mein Gesicht vorgestellt habe. Sage aber nichts, sondern lächle nur kommunikativ.

Dem Mann reicht das als Gespräch. Er redet munter weiter: «Sieht man jetzt natürlich nicht! Also die Bandscheibenvorfälle! Auf den Fotos! Da sieht man sie nicht! Obwohl! Wenn man genau guckt! Nee! Ich glaub nicht!»

Während er sein Handy offen vor uns hinlegt und auf den Fotos nach Indizien für die Bandscheibenvorfälle sucht, schaue ich zur Seite. Die junge Frau neben mir guckt eine Serie. Offensichtlich «Better Call Saul». Trotzdem scheint mir die Handlung fremd. Oh Gott, das ist die letzte Staffel. Die habe ich noch nicht gesehen. Die haben wir uns aufgehoben, um sie mit der ganzen Familie zusammen vor Weihnachten zu schauen. Wie soll ich es denn schaffen, bis Frankfurt nie zur Seite auf ihren Bildschirm zu blicken? Das geht doch gar nicht. Zumal der Mann vor uns jeden Blick nach vorne, zu ihm, als Gesprächsangebot wertet. Wie jetzt auch. «Ja! Man sieht sie nicht! Die Bandscheibenvorfälle! Auf den Fotos! Schade! Aber ich mache mal ein Foto von Ihnen! Und schick das meinem Kollegen! Der wird auch staunen! Wie ähnlich Sie sich sehen!»

Bin zu perplex, um zu protestieren. Er tippt noch eine längere Nachricht, ehe er das Foto abschickt. Dann legt er das Handy zurück, offen auf den Tisch, und verabschiedet sich zur Toilette. Ich nutze die Pause, um die junge Frau neben mir anzusprechen. Etwas unwillig stoppt sie die Serie und nimmt einen Kopfhörer raus, um mich besser verstehen zu können. Dann ist sie aber sehr nett. Ich erkläre ihr meine «Better Call Saul»-Problematik. Sie hat Verständnis, aber keine Lust, was anderes zu gucken. Schlägt stattdessen vor: «Wollen Sie sich nicht lieber weiter auf die vielen Fotos konzentrieren, die Ihr Freund von Ihnen gemacht hat?»

Ich bin verwirrt. Dann kapiere ich. «Oh, das ist nicht mein Freund. Und das auf den Fotos bin auch nicht ich, sondern ein Kollege von ihm.»

«Echt? Boah, Sie sehen dem aber total ähnlich, was?»

Sie schaut noch mal genauer auf das letzte Foto des Kollegen, das noch auf dem Handydisplay leuchtet. «Sagen Sie, kann das sein, dass der kürzlich einen oder mehrere Bandscheibenvorfälle hatte?»

«Ach. Woran sehen Sie das denn?»

«Ich bin Physiotherapeutin.»

«Ist das eine Begründung?»

«Nein, ein Beruf.»

Lächelnd steckt sie den Kopfhörer wieder ins Ohr und lässt ihre

Folge weiterlaufen. Bevor ich beleidigt sein kann, antwortet der Kollege. Auf dem Sperrbildschirm erscheint seine Antwort: «Hallo Jörg, dolle Geschichte mit dem Bandscheibenmann! Obwohl ich echt nicht finde, dass wir uns irgendwie ähnlich sehen. Aber egal. Ich schicke dir gleich mal eine Reihe von richtig guten Übungen nach so einem Vorfall. Kannste ihm ja vielleicht alle mal zeigen und mit ihm durchsprechen. Habt ihr was zu tun auf der langen Zugfahrt!»

Mir bricht der kalte Schweiß aus. Schaue entsetzt zur Seite und sehe, wie eine der Hauptpersonen aus der Serie stirbt. Gerate in Panik. Als der Mann zurückkommt, springe ich auf. Höre mich zu meiner eigenen Überraschung sagen: «Sooo, gleich Wolfsburg. Da muss ich dann ja raus!»

Er ist mindestens so verblüfft wie ich über meinen Satz: «Wolfsburg! Hatten Sie nicht Frankfurt gesagt! Ursprünglich!»

«Hatte ich? Ach, Wolfsburg, Frankfurt … Wo ist da der Unterschied? Zeigen Sie mir einen Menschen auf der Welt, der diese beiden Städte nicht ständig verwechselt!»

«Na, ich zum Beispiel!»

«Echt? Das freut mich. Die junge Frau hier ist übrigens Physiotherapeutin. Nur falls Sie mit ihr über die Bandscheibenvorfälle Ihres Kollegen sprechen wollen.»

Mit diesen Worten laufe ich zu meinem Rollkoffer, und schon mache ich mich damit vom Acker. Ich muss einfach nur vier, fünf Waggons zwischen uns bringen, mir dort einen freien Platz und dann in Frankfurt jemand anderes suchen, der meinen Koffer aus dem Zug hebt. Das sollte ja wohl nicht so schwierig sein.

Als der Zug in Wolfsburg einrollt, bin ich noch auf dem Weg, aber ich beschließe, an einer Tür zu warten. Um dort, wenn die geöffnet ist, kurz draußen, ohne Maske, ein paar tiefe Züge frischer Luft zu nehmen. Doch dann geschieht es.

Während die Tür sich öffnet, erblicke ich auf dem Bahnsteig eine sehr feine, aber doch auch schon etwas gebrechliche ältere Dame. Sie strahlt mich an. Ruft:

«Oh, thank god! Would you please help me with my luggage?» Freudig und erwartungsvoll zeigt sie auf ihren erstaunlich großen Koffer. Bin starr vor Schreck. Kriege nichts anderes raus als: «No!»

Sie wirkt ungläubig. Ruft: «What?»

«I can't.»

«But why? You are a big strong man. Please help me. I really have to get this train.»

Das Entsetzen in ihrem Blick scheint zu Wut zu werden.

«No. I can't. I have a … a … a …, na, hier … a Bandscheibenvorfall!»

«What?»

Überlege verzweifelt, was der englische Begriff für mein Leiden sein könnte. Trete aus dem Zug und zeige hilflos auf meinen unteren Rücken. «Big trouble in my lower back. You know? Bandscheibenvorfall.»

«What?»

Sie greift meine Hand und versucht, sie zum Griff ihres Koffers zu ziehen. «Come on!»

«No. I have Bandscheibenvorfall … Äh, how to say, a Tape-Disc-Incident!»

Sie starrt mich ratlos an und zerrt weiter an der Hand. Mit Tränen in den Augen versuche ich zu erklären: «Tape-Disc-Incident! Bad Back!»

Da werde ich plötzlich zur Seite geschoben und höre eine mir wohlbekannte Stimme.

«Da sind Sie ja! Mensch! Fällt mir plötzlich ein! Sie brauchen mich ja! Zum Koffer-aus-dem-Zug-Heben! Wieso sind Sie denn so weit gelaufen! Hätte Sie fast nicht gefunden!»

In Sekunden wuchtet er meinen Koffer aus dem ICE und trägt auf dem Rückweg das schwere Gepäck der englischsprachigen Dame in den Waggon. «Disc prolapse!», erklärt er nebenbei der Frau und zeigt auf mich. «My colleague! Had even three of them! I can show you fotos! Even normal people get this!»

Dann schließt sich die Tür. Beide winken mir noch freundlich zu, als der Zug schließlich abfährt und ich mit meinem Koffer auf dem Bahnsteig in Wolfsburg zurückbleibe.

Na ja, so hatte ich immerhin mal Zeit, mir in Ruhe einen neuen Träger für den nächsten Zug zu suchen und vorsichtshalber schon mal «Bandscheibenvorfall» in weiteren verschiedenen Sprachen zu googeln. Man weiß ja nie.

Kirsten Fuchs
Was sagt man da?

Ich hab es mir schon tausendmal gesagt: «Setz dich nicht in so ein Sechserabteil!». Und wer setzt sich auf der Fahrt nach Freiburg prompt wieder ins Sechserabteil?

Ich schiebe die Tür auf, frage: «Ist hier noch frei?» – «Ja, hier ist noch frei», höre ich, und ich bin in der Falle. Schiebetür zu.

In dem Sechserabteil sind mit mir nur drei Plätze besetzt. Eine Jacke wird von einem Sitz genommen. Ein Platz am Gang wird für mich freigeräumt. Ich lehne mich zurück und hole mein Buch raus. Sechs Stunden lesen. Ah!

Aber im Sechserabteil kann man nicht sechs Stunden lesen, auch wenn nur drei Menschen drin sind. Die beiden Fensterplätze sind besetzt von allein reisenden Kindern, die Karten spielen, dann Schiffe versenken, dazu hören sie Radio und singen mit. Das ist alles herzerweichend süß, aber lesen kann ich dabei nicht.

Nachdem ich dreimal versucht habe, dieselbe Seite zu erfassen, während ich sie lese, immer wieder abgelenkt von «D5? Treffer ... D6? Wasser», steigt in Spandau eine junge Familie ein.

«Ist hier noch frei?»

Natürlich ist hier noch frei, nicken wir.

Die Mutter bittet mich, mit ihr den Platz zu tauschen, damit das junge dreifaltige Glück sich gegenübersitzen kann.

«Natürlich! Kein Problem.»

Ich sitze jetzt zwischen Rabea, acht, und der Mutter mit dem Kleinkind Marta auf dem Schoß, welches sich rasend für Rabea interessiert und darum geschwind über mich drüberkrabbelt.

«Ach, die Marta, die zerreißt so gerne was», lacht Martas Mama.

Rabeas Zöpfe kann man nicht zerreißen. Marta hat wieder was

gelernt. Aber die Seiten eines Buchs kann man zerreißen. Martas Äuglein funkeln unternehmungslustig. Ich versuche, das Buch mit ausgestreckten Armen über meinem Kopf weiterzulesen.

Irgendwann beginnt die junge Mutter, ihre Mutterqualitäten an den allein reisenden Kindern auszuprobieren. In langsamem Ton fragt sie die eigentlich ganz pfiffigen Kinder totalen Tantenquatsch. Welche Klasse sie sind? Ob sie gut in der Schule sind? Was sie mal werden wollen? Dazwischen sagt sie: «Wenn du nicht willst, dass die Marta die Karten runterwirft, dann musst du sie ihr wegnehmen.»

Marta ist mit ihrem Mörder-Klammerreflex dem sechsjährigen Joschi haushoch überlegen. Beide zerren an den Karten. Marta sieht dabei so niedlich aus, dass man ihr unmöglich einfach eine klatschen kann. Armer Joschi.

«Hast du denn noch jüngere Geschwister?», fragt ihn die junge Mutter, als wäre Joschi zu blöd, Marta zu erziehen, was genau genommen ihre Aufgabe ist.

Marta, das flinkmobile Kleinkind, interessiert sich inzwischen für Rabeas Rucksack.

«Ja, den möchtest du gerne auspacken, nicht?», kommentiert die Mutter, bleibt aber sonst passiv. «Wenn die Marta das nicht soll, dann musst du ihr das sagen, ja?»

Ich verstehe nicht, warum sie nicht selber ihrem Kind sagen kann, was es soll und was nicht. Eigentlich sollte das eigene Kind nie die Tasche anderer Leute ausräumen.

Marta findet viel schönes Spielzeug in dem Rucksack, und sie beginnt, fröhlich Spuckeblasen glucksend, unter meinem Sitz zu spielen. Die jungen Eltern scheinen für ihr klebriges Kind kein Spielzeug eingepackt zu haben. Vielleicht haben sie extra nach allein reisenden Kindern Ausschau gehalten, die sich nicht dagegen wehren können, wenn ein Ganz-frisch-auf-der-Welt ihre Tasche ausräumt.

Marta zerbricht eine dieser Spielzeugfiguren, die immer in so Verpackungen sind, auf denen steht: «Für Kinder unter drei Jahren nicht geeignet.»

Die junge Mutter sagt: «Oh, Marta, was sagt man da?»

Marta kann noch gar nichts sagen. Alles, was sie sagt, ist Spucke. Die Mutter tätschelt dem kleinen Wunder den Kopf, wozu sie mir einfach mal zwischen den Beinen durchfasst. Ja, was sagt man da? Da sagt man eigentlich vorher: «Zu mir oder zu dir?» Genau! «Entschuldigung sagt man da, nicht, Marta?»

Marta steckt sich Puzzleteile in den Mund und weicht die Ecken auf. Schön, am Ende wird jedes Puzzleteil an jedes Puzzleteil passen.

Die allein reisenden Kinder versichern, dass die zerbrochene Spielzeugfigur nicht wichtig war. Ach, sie sind so gut erzogen! Deshalb müssen sie auch nicht von fremden Müttern im Zug erzogen werden, was die junge Frau aber nicht davon abhält, ihnen zu sagen, dass die Schule wichtig ist, dass sie auch mal so klein waren wie die Marta und dass man Schiffe versenken ganz anders spielt.

Wer sich jetzt fragt, auf welche Art und Weise der junge Vater die ganze Zeit über handelt, der fragt sich das zu Recht, und ich will es nicht verschweigen. Der junge Vater ist kein Handlungsreisender. Er handelt nicht. Er hat sich meine Zeitung geborgt und liest.

Ich frage mich, was Jung-Mama und Jung-Papa in ihren großen Taschen haben, die die Ablage über unseren Köpfen belegen, und was in den beiden Koffern ist, die im Gang stehen. Kein Spielzeug für das Kind! Und nichts zu lesen! Und nichts zu essen, wie ich in Wolfsburg erfahre!

In Wolfsburg steigt eine alte blinde Frau ein, und ich habe mir das nicht ausgedacht. Hätte ich mir etwas ausgedacht, wäre es was ganz anderes gewesen: ein völlig leerer Zug, in dem ich in Ruhe lesen kann.

Die blinde Frau versucht, die Schiebetür aufzuziehen, die aber schon offen ist. «Ist hier noch was frei?»

Die junge Mutter ist sich nicht sicher, ob noch was frei ist, denn der eine freie Sitz ist ja Martas Sitz, die aber noch nicht einmal darauf gesessen hat. «Wir können die Kleine ja auf den Schoß nehmen!», sagt sie mit der Güte, die man eben hat, wenn einem der ganze Zug gehört.

«Das ist nett von Ihnen», sagt die blinde Frau, und der Mutti ihr Gesicht, das kleine, stets freundliche, sieht aus wie: «Ja, nicht wahr? So bin ich!»

Die blinde Frau setzt sich neben den Mann hinter meiner Zeitung und gegenüber der Frau von dem Mann hinter meiner Zeitung.

Ach, die blinde Frau hat es nicht leicht, sie isst sonst zu festen Zeiten, sagt sie, und jetzt ist sie schon eine Stunde über der Mittagszeit. Ich reiche ihr erst ihren Beutel, dann ihren Koffer, aus dem sie erst was zu trinken und dann was zu essen holt. Ausgehungert mampft sie eine belegte Stulle in sich hinein.

Der junge Vater sagt, sie hätten gar nichts zu essen mit, und er bekommt etwas zu essen ab.

Seine Frau fragt nicht: «Was sagt man da?»

Ihr Mann sagt: «Oh, Mettwurst!»

Genau, man sagt: «Oh, Mettwurst», wenn blinde alte Frauen einem Essen schenken. Die Frau schlingt so hastig, dass sie sich verschluckt, und als wäre es nicht harte Prüfung genug, blind zu sein, erst eine Stunde nach der Mittagszeit zu essen und sich zu verschlucken, bekommt sie ohne Vorankündigung von der jungen hilfsbereiten Mutter tüchtig auf den Rücken geklopft.

Mutti ist dafür extra aufgestanden. Wirklich bemerkenswert aufmerksam ... außer, wenn es ihre kleine Marta betrifft, die wie ein Äffchen an mir raufkrabbelt, um die Brille aus meinem Gesicht zu entfernen.

Ich halte jetzt mein Buch in der einen Hand, meine Brille in der anderen Hand mit zwei ausgestreckten Armen über meinen Kopf. So kann ich nicht lesen. Das Buch ist zu weit weg von meinen Augen und die Brille ebenso.

Marta prüft, ob meine Nase fest sitzt oder ob man sie wie die Brille einfach abnehmen kann.

Ich puste Marta abwehrend ins Gesicht.

Sie lacht blubbernd.

Der junge Vater hinter meiner Zeitung, das Brötchen einer blinden Frau kauend, bekommt davon gar nichts mit, und seine Lebensgefährtin drischt auf die blinde Frau ein, weshalb sie keine Zeit hat, mir die Marta vom Bein zu pflücken.

Aus Mitleid rasselt Rabea mit einer Keksdose und lockt so das aufgeweckte Kind von mir runter.

Ich schaue Rabea dankbar an.

Marta taumelt auf das verlockende Rasseln zu. Rabea wirft die rasselnde Keksdose zu Joschi. Marta ändert sofort ungelenk die Richtung. Joschis Augen werden ganz groß. Er macht das einzig Richtige, indem er die Keksdose in Richtung der jungen Mutter wirft, damit ihr Kind endlich zu ihr geht.

Die junge Mutter hört einen Moment auf, der blinden Frau die Krümel aus dem Hals zu schlagen, woraufhin die blinde Frau erleichtert aufatmet, sich verschluckt und sofort wieder hustet. Die junge Mutter waltet weiter ihres Amtes, in das sie niemand erhoben hat, und klopft der blinden Frau den Rücken wie einen Teppich aus. Dabei sagt sie streng: «Die Marta darf keine Kekse essen. Der Zucker macht sie zu aufgedreht. Man darf doch fremden Kindern keine Süßigkeiten geben.» Sie kickt die Keksdose zum jungen Vater rüber und zischt: «Du kannst dich auch mal um das Kind kümmern.»

Der junge Vater löst die Situation behend, er hebt die Keksdose auf und fängt an, die Kekse in sich hineinzufressen.

Die allein reisenden Kinder machen lange Gesichter, so lange Gesichter hat nicht mal Edvard Munch gemalt.

Wie das Licht am Ende des Tunnels erklingt die Stimme des Getränkemanns, der sich durch den Gang kämpft: «Cola, Kaffee, Tee, Wasser, Süßigkeiten.»

Ich würde mir am liebsten gleich alles davon kaufen und suche mein Geld zusammen.

Die allein reisenden Kinder klimpern ebenfalls ihre Münzen durch.

Marta spitzt die Ohren und arbeitet sich Schritt für Schritt in die klimpernde Richtung vor.

Der Getränkemann bleibt kurz vor unserem Sechserabteil mit seinem Wagen an den zwei Koffern im Gang hängen. Er ruckelt und poltert und schrammt lautstark an den beiden hinderlichen Koffern vorbei, woraufhin das keksverkrümelte Gesicht des Vaters hinter der Zeitung auftaucht und die junge Mutter endlich aufhört, die blinde Frau auszuklopfen. Das Elternpaar sieht sich pikiert an. Frechheit, wirklich! Ihre Koffer wurden berührt.

«Also, was sagt man da?», plustert sich Martas Mutti auf.

Von allen Geschehnissen, denen ich auf dieser Reise bisher beisitzen durfte, empfinde ich dieses am allerwenigsten als eine Frechheit, aber egal, gleich hab ich Kaffee. Alles wird gut. Ich werde Marta davon etwas abgeben und mach mich dann aus dem Staub. Ich kichere voller Vorfreude.

Als der Getränkemann die Schiebetür aufbekommen hat, wobei erneut einer der großen Koffer in Mitleidenschaft gezogen wurde, kommt er nicht dazu zu fragen, ob hier jemand vielleicht einen …

«NEIN!», sagt die junge Mutter.

Ich wünschte, Marta wäre auch Getränkeverkäufer, zu denen kann die Frau ja streng sein.

Der Getränkemann zischt sofort ab.

Die Gesichter der Kinder zerfließen geradezu, und ich will eigentlich auch nur noch heulen. Mein Kaffee. Da geht er hin.

Marta grapscht Rabea das Geld aus der Hand und flüchtet damit unter meinen Sitz. «Was sagt man da?», würde ich gerne die junge Mutter fragen, und sie hat ja gerade bewiesen, dass sie es sagen kann: «NEIN!»

Die blinde Frau fragt: «Ist der Getränkemann schon weg?»

«Soll ich Ihnen etwas holen?», biete ich mich an. Oh, bitte, Freigang!

«Also, das können ja nun wirklich die Kinder mal machen!», findet die junge Mutter. «Wenn ihr das Geld von der Marta wiederhaben wollt, müsst ihr ihr das wegnehmen, nicht?»

Die blinde Frau sagt: «Nein, nein, ich hole mir mein Getränk schon selber.» Sie tastet sich aus dem Sechserabteil und schlurft mit Sack und Pack in die falsche Richtung.

Sicher taucht die nicht wieder auf. Ich sehe ihrem fusselig geklopften Angorapulli hinterher. Auf den freien Sitz legt der junge Vater erschöpft seine Füße ab.

Jaja, ich weiß schon, wenn Sie nicht wollen, dass mein Mann seine Füße da hinlegt, dann müssen Sie ihm das sagen.

«Bis wohin fahrt ihr denn noch?», frage ich Joschi und Rabea flüsternd.

«Nächste Station», flüstern sie zurück.

«Kann ich euch alleinlassen?»

Sie nicken tapfer.

Ich stecke das Buch weg und verkünde: «Ich gehe ins Bordrestaurant, was essen.» Ich will nicht, dass einer dieser Leseverhinderer denkt, ich würde seinetwegen oder vor allem seinetwegen das Weite suchen.

Die allein reisenden Kinder schauen mir traurig hinterher. Die junge Mutter sagt: «Jetzt können unsere Koffer endlich ins Abteil.»

«Dann haben wir ja alle was davon», sage ich, und das klingt so nett und ist es gar nicht. «Schöne Reise noch!» Ach, wir sind alle immer zu nett.

Aber was würde ich für langweilige Geschichten schreiben, wenn ich im wirklichen Leben in der Lage wäre, solche Situationen schnell zu beenden? Wenn ich darin gut wäre, würde ich vielleicht gar nicht schreiben, weil ich dann nicht immer alles verarbeiten müsste, was ich so beobachtet habe.

«Was sagt man da?»

Da sagt man eben nichts. Da schreibt man was.

Die restliche Fahrt war übrigens total öde. Ich hab nur gelesen.

Barbara Ruscher
Achtsamkeit im IC

Alle hatten mich gewarnt. Tu es nicht, du wirst es bereuen, sagten sie. Du wirst dein ganzes Leben lang Wunden lecken, sagten sie. Nachbarn, Geschwister, Freunde. Sogar der Bofrost-Mann drückte mir mitleidig sein Schlemmerfilet Bordelaise in die Hand. «Stärken Sie sich vorher noch einmal», sagte er sorgenvoll, «wer weiß, wann es wieder was gibt», und entschwand mit seiner frostigen Eisbein-Kutsche im Nebel eines düsteren Herbsttages.

Doch ich war bereit. Für eine fünfstündige Fahrt mit der Deutschen Bahn, was sollte da schon passieren. Alles nichts gegen eine Autofahrt mit meinen pubertierenden Kindern. Eine herrlich ruhige Bahnfahrt ohne nervige Geräusche von Ballerspielen, ohne Puma-Gerüche und ohne Dauertelefonate mit Töchterchens Busenfreundin Cheyenne-Nofretete.

Wir wollten von Köln an die Nordseeküste, und mein Lebensgefährte fuhr mit den Kindern lieber im Auto, während ich schön entspannt in der Bahn sitzen würde, lesend, schlafend, über das Leben sinnierend, vielleicht wäre sogar ein netter Plausch mit den Sitznachbarn über die artgerechte Haltung von Chinchillas drin. Gerade hatte ich ein dreiwöchiges Mental-Health-Coaching hinter mir und gelernt: Wenn man frühzeitig freundlich auf die Leute zugeht, erntet man ebenfalls Freundlichkeit.

Happiness is a warm gun.

Plausibel gemacht hatte ich meiner Familie das getrennte Reisen, indem ich vorgab, ich müsse noch einen Text für den Verlag schreiben. Das Thema seien Erlebnisse auf einer Zugreise, und wo könne man so etwas besser verfassen als in einem Zugabteil der Deutschen Bahn. Ich gäbe mir halt richtig Mühe, so authentisch wie möglich zu schreiben, sagte ich überzeugend, die Recherche sei quasi eins zu eins.

Zwar hatte man mir schlimme Geschichten erzählt, von Unpünktlichkeit der ICEs und ICs bis hin zu Zugausfällen, Schienenersatzverkehr mit Umwegen über Orte wie Wolfenbüttel, Kathmandu, Phnom Penh und Helms Klamm, von Reisenden, die im Zug übel riechendes Zeug essen, und Durchsagen vom Bahnpersonal in nicht identifizierbaren Sprachen. «Tschänk juu for drävveling wiss deutschä Bahn» sei da noch das Verständlichste von allem.

Es sei schrecklich, sagten sie, die 1. Klasse vollgestopft mit Geschäftsreisenden, die ununterbrochen in der Lautstärke eines Rammstein-Konzerts telefonierten, Gruppen von kreischenden Weinfestbesucherinnen, die im Zug billigen Prosecco und Kleine Feiglinge tränken, dabei lauthals Andrea Berg sängen sowie tonnenweise hart gekochte Eier und Cabanossi herumreichten wie große schwere Joints.

All das konnte mich nicht von der Reise abhalten. Falls konfliktvolle Situationen auftreten sollten, was ich nicht glaubte, würde ich ihnen die Spannung durch positive Hinwendung und gekonnte Deeskalation nehmen. Denn es handele sich in Zügen meist um Erwachsene, die seien ja vernünftiger als hormonell irritierte Jugendliche, versicherte ich den Schwarzmalern, ein klärendes Gespräch sei nichts gegen den auf der gemeinsamen Autofahrt drohenden Kampf zwischen Pubertät und Wechseljahren.

Und heute geht es nun endlich los.

An das Gute im Menschen glaubend, mache ich mich auf zum Hauptbahnhof.

Früh genug am Gleis, schaue ich mich um. Ein Mann mit Vollbart kaut eilig an einem veganen Wrap und nickt mir zu. «Im Zug gibt es sicher wieder nichts», sagt er kauend, «neulich war auf der ganzen Fahrt von Zürich nach Kiel das Bordbistro geschlossen, noch nicht mal Wasser gab es da, schreckliche Zustände sind das.» Eine ältere Frau stimmt ein: «Ich war eben extra noch im Supermarkt, bei meiner letzten Reise gab es einen Triebwerkschaden, und wir standen acht Stunden auf offener Strecke ohne Essen und Trinken und mit defekter Toilette.» Leise flüstert sie: «Einige von uns mussten gegen Dehydrierung sogar ihren Natursekt trinken.» Die Fahrt wird fünf Stunden dauern, überlege ich, und ich habe nur ein Porridge gefrühstückt.

Als Freundin von schnellen Lösungen handele ich umgehend, suche vorbeugend das Bahnhofs-WC auf und kaufe an den Ständen in der Bahnhofshalle eine Laugenstange, einen halben Liter Wasser und eine Packung stopfende Schokokekse.

Zurück am Bahnsteig, schaue ich auf die Anzeigetafel.

Mein Zug hat vierzig Minuten Verspätung. Der Grund: Laub auf den Schienen.

Laub auf den Schienen im Herbst, denke ich, das ist so ungewöhnlich wie Bäume im Dschungel, aber trotzdem eine Unverschämtheit, das Wetter nimmt überhaupt keine Rücksicht auf die DB, kein Wunder, dass es da zu Chaos kommt.

Ich beschließe, mich durch diesen unglücklichen Start meiner Reise nicht entmutigen zu lassen und die gewonnene Zeit am Bahnhof sinnvoll zu nutzen.

Warum nicht kulinarisch mal etwas ausprobieren, denke ich und gehe zurück in die Bahnhofshalle. Auf der Fahrt habe ich ja Zeit und Muße. Vergnügt erstehe ich drei Mettbrötchen mit Zwiebeln, ein Dutzend gefärbte hart gekochte Eier und eine Hanf-Salami im Textildarm.

So bepackt, streife ich durch den Hauptbahnhof und besehe die Auslagen in den Schaufenstern der Geschäfte. Wie günstig hier das Einkaufen ist, denke ich. Ich weiß zwar nicht, was Kopfhörer und Nackenhörnchen normalerweise kosten, aber die durchgestrichenen alten Preise, ersetzt durch geringere neue, lassen den Schluss zu, dass es sich hier um außergewöhnliche Schnäppchen handelt.

Neben dem heruntergesetzten Noise-Cancelling-Bluetooth-Kopfhörer erstehe ich nun außerdem eine von niederländischen Waldorfschülern handgeknüpfte Hängematte (als Vorsorge, falls wir Triebwerkschaden haben sollten) sowie ein beiges Reisekissen mit der Aufschrift «Nicht lang schnacken, Kopp in Nacken» und für die Kinder als Mitbringsel je eine Panflöte.

Da kommt auch schon der ersehnte IC «Funklok», allerdings in umgekehrter Wagenreihung. Mit Koffer, Handgepäck und Hängematte lege ich einen Spurt hin, der Usain Bolt weinend zusammenbrechen lassen würde. Dann steige ich keuchend, aber glücklich ein und suche meinen gebuchten Platz auf.

Wagen 10, Platz 35, lese ich, vergleiche es mit meinem Ticket, befinde die Position als korrekt, doch der Platz ist bereits besetzt.

Eine Frau mit stacheligen Piercings im Gesicht wie ein unregelmäßig rasierter Kaktus, Fingernägeln, von deren Länge Struwwelpeter nicht in seinen kühnsten Träumen zu träumen gewagt hätte, und einem sehr stark geschminkten Gesicht thront auf meinem Platz.

Sie müssen sich das so vorstellen: Sie sieht aus wie ein Chamäleon, das auf Harald Glööckler sitzt.

Durch abermaliges Vergleichen von Anzeige und Reiseticket vergewissere ich mich, dass dies mein Platz ist, und ich zeige die Unterlagen auch der Frau.

«Wo soll ich denn jetzt hin, du Honk», zischt sie echsengleich, und tatsächlich, der Zug ist voll. Da ich mir vorgenommen habe, zu jedem und jeder im Zug freundlich zu sein, will ich sie nicht verscheuchen, und ich finde schnell eine Lösung.

Ich setze mich auf sie.

Doch diese freundliche Entschärfung der Situation stößt bei ihr nicht auf Zuspruch. Ich finde es eigentlich ganz bequem, zumal sich durch die körperliche Nähe zu ihrem gepiercten Körper eine schöne Akupunktur meiner mittleren Wirbelsäule ergibt.

Sie zetert irgendwas von «Unverschämtheit» und «Irgendwann werden sie dich holen, du Evolutionsbremse», schubst mich runter und verschwindet mit grauem Fledermauskoffer und Totenkopftasche in Richtung Bordrestaurant.

Manche Menschen sind einfach merkwürdig, stelle ich fest und richte mich auf dem nun frei gewordenen Platz ein.

Mein Sitznachbar grüßt freundlich und fängt an, eine Banane zu pellen.

Die folgenden Schmatzgeräusche stören mich zugegebenermaßen ein wenig, doch steht dieses negative Empfinden nicht im Einklang mit meiner positiven Haltung zu dieser Zugfahrt, und so beschließe ich, die Geräusche mit dem Essen eines knackigen Zwiebelmettbrötchens akustisch zu übertönen.

Der Bananenmann sieht mich an und verzieht angewidert sein Gesicht. Er mag gar keine Bananen, denke ich bestürzt. Der arme Mann, offensichtlich hat er das nicht gewusst, die Banane sein einziger Proviant, was macht er wohl jetzt mit dem Rest?

Aufmunternd nicke ich ihm zu, nicht zuletzt wegen der Vitamine, und schiebe mir den letzten Teil des Zwiebelmettbrötchens in den Mund. Er lächelt gequält. Neidisch auf meine schön gewürzte Speise, wer wäre das nicht.

Ich biete ihm eines der gepökelten Rohfleischbrötchen an.

Er weist es zurück und sagt eindringlich: «Ihnen hängt da ein Mettfaden zwischen den Zähnen, glaube ich.»

Ich bedanke mich und lache herzlich über den Scherz, denn an so was kann man ja nicht glauben. Man glaubt an Jesus oder Buddha oder daran, dass man nicht glaubt, aber in diesem Falle: Entweder hängt da ein Mettfaden oder nicht.

Mett oder Nichtmett, das ist hier die Frage.

Um sicherzugehen, zeige ich auch den anderen Reisenden lachend meine Zähne. Ihre Reaktion lässt auf Bestätigung des Sachverhalts schließen, denn sie legen ihr Gesicht unschön in Falten wie ein Mops, der auf ein bis zwölf sehr spitze Legosteine tritt.

Zwecks Reinigung meiner unfreiwillig dekorierten Kauleiste suche ich das Bord-WC auf.

Das erste ist defekt, das zweite nur für Personal, das dritte wieder defekt. Alles ist immer für etwas gut, denke ich positiv, etwas Bewegung tut mir gut.

Im hinteren Zugteil erreiche ich endlich das einzig funktionierende WC, und ich bin schon nach siebzig Minuten zurück, denn davor hatten lediglich dreiundzwanzig Leute mit mir gewartet, sechs davon mit Schminktasche, siebzehn mit gezücktem Handy und eine mit Sudoku-Block inklusive Stift.

Ich setze mich wieder auf meinen Platz und trage die letzten drei Zahlen in das Gitter ein.

Zu meinem Erstaunen ist die Gesichts-Igel-Frau mit den langen Nägeln wieder da, denn offensichtlich ist nach dem letzten Halt nun neben mir der einzige Platz im ganzen Abteil frei geworden. Der Bananenmann ist fort.

Auch gut, denke ich und schaue und höre ihr fasziniert dabei zu, wie sie ihre Fingernägel feilt – ein Geräusch, das nun mal sein muss, denn die Nägel sind definitiv zu lang für nächtliche Ausgrabungen.

Der Staub des Abriebs und auch das Geräusch überschreiten ein erträgliches Maß, doch ich bin sicher: Bis Van Helsing sie holt, ist sie sicher fertig.

So gucke ich aus dem Fenster und setze meine Kopfhörer auf, um mich mit einer Sprachnachricht meiner Freundin über ihre aktuellen Tinder-Abenteuer von den Geräuschen der munter auf- und abwetzenden Feile abzulenken.

Plötzlich stupst mich ein Fahrgast an und beschwert sich über die Lautstärke. Hinter ihm stehen zwölf weitere entrüstete Passagiere.

Ich lächele beschwichtigend und sage: «Nur Geduld, die originell gewandte Frau ist sicher gleich mit der Maniküre fertig.»

Doch alle dreizehn sagen mit Nachdruck: «Hören Sie die Sprachnachricht gefälligst leise ab! Das ist ja wirklich eine Unverschämtheit, und dann noch so etwas, wir sind hier doch nicht im Swingerclub!»

«Leider», ergänzt ein kleiner Mann mit Hut leise.

«Sie meinen sicher nicht meine Sprachnachricht», sage ich, «ich habe doch Kopfhörer auf, die sind ganz neu.»

«Aber nicht mit Bluetooth verbunden», stöhnen alle dreizehn auf.

Nur die Gothic-Göre sagt: «Ey, ihr seid ja voll crazy, people, Jim Knopf und die Wilde Dreizehn, haha. Also ich finde die Nachricht ganz interessant, und ich würde deiner Freundin empfehlen, mal im richtigen Leben Männer kennenzulernen. Weiß doch jeder, Tinder-Dates zu machen, ist wie Schrottwichteln.»

Sie versucht, überlegen zu lächeln, was wegen ihrer ungünstig platzierten Piercings misslingt, und fängt an, ihre schwarzen Nägel schwarz überzulackieren.

Der beißende Geruch des Lacks lässt die dreizehn Nörgler zurückweichen wie Knoblauch den Vampir.

So fügt es sich doch immer wieder im Leben.

Ich gucke mich um. Das ganze Abteil ist mit durchgestrichenen Handys beklebt. Wofür in diesem Abteil eine Ruhezone ist, wird mir sofort klar. Die Ruhezone ist dafür da, damit der Herr auf Platz 78 ungestört telefonieren kann. Und ob er das kann, überprüft er regelmäßig alle fünf Minuten, indem er immer wieder zum Telefon greift und jedes Mal als Erstes erzählt, Jörg-Uwe Schmitz sei am Apparat und er sei jetzt im Zug.

Er bemerkt meinen Blick und schaut mich grimmiger an als der Grinch die Whos. Was habe ich falsch gemacht? Wie kann ich ihm zeigen, dass ich sein lautes Telefonat gar nicht als störend empfinde?

Da gibt es nur eins. Ich hole mein Handy heraus und telefoniere ebenfalls. Vergnügt nicke ich ihm zu, quasi als Wichtigste-Menschen-im-Zug-Verbündete. Doch er fängt prompt an, mich zu übertönen, seine sonore Bassstimme schwillt an wie das Ego eines ehemaligen niedersächsischen Bundeskanzlers, wenn der russische Staatspräsident ihn lobt.

Er findet mich nett und will spielen, quasi als Zeitvertreib auf langweiligen Bahnfahrten.

Ich ziehe mit und werde ebenfalls lauter. Ihm zuliebe gebe ich mir viel Mühe, und nach weiterem gegenseitigem Hochschaukeln kreische ich wie Heidi Klum, wenn ihr bestellter Fummel die falsche Farbe hat.

Meine Freundin am anderen Ende brüllt: «Schrei nicht so, sonst weiß nachher das ganze Zugabteil von meinen Tinder-Dates! Und Schrottwichteln ist das doch wirklich nicht, wie kommst du denn auf so was?!»

Doch ich entscheide mich zugunsten der positiven Atmosphäre an Bord des Zuges, lege auf und spiele weiter mit Jörg-Uwe das Telefonspiel, diesmal mit dem Pizzalieferdienst.

Die anderen Zugreisenden fangen erneut an, sich zu beschweren. Heutzutage ist es wirklich schwer, es jedem recht zu machen, aber für ein gutes Karma bleibt einem nichts anderes übrig, als tief in die Seelen der Mitmenschen einzutauchen.

Ich lege auf, Jörg-Uwe telefoniert jedoch weiter. Manche wissen einfach nicht, wann Schluss ist mit lustig. Also erkläre ich den entrüsteten Passagieren, der Mann sei doch unverkennbar unfassbar wichtig und seine IT-Firma würde vermutlich ohne seine prompten Anweisungen heute noch Insolvenz beantragen müssen, er trete doch nicht grundlos so laut und dominant auf. Unwirsch schüttelt Jörg-Uwe den Kopf, pegelt aber seine Telefonstimme wieder auf die den Umständen angemessene normal erhöhte Lautstärke.

Intensiv überlege ich, wie ich den aufgeregten Bahnreisenden etwas Gutes tun kann, damit sie sich endlich verdient entspannen. Ich hole eine der beiden Panflöten heraus. Nun bin ich im Gebrauch einer Panflöte unerfahren, aber so schwer wird das Spielen dieses putzigen Instruments nicht sein. Beherzt spitze ich die Lippen und fange an zu blasen. Und dann geschieht ein Wunder. Das ganze Abteil steht auf und guckt mich erwartungsvoll an. Ich fühle mich wie die Rattenfängerin von Hameln.

Lieber noch wäre ich die Rattenfängerin von Hamm, denke ich, denn dann würde ich sie in den anderen Zugteil flöten, bevor Moses, der Schaffner, in Hamm den Zug teilte.

Dass das Flötenspiel dermaßen gut ankommen würde, hatte ich nicht gedacht. Sogar die zweite Schaffnerin kommt, um meiner kleinen feinen Weise zu lauschen. Vor lauter Begeisterung reißt sie mir die Flöte aus der Hand.

Verblüfft sage ich: «Sie können sie gerne haben, wenn sie Ihnen so gut gefällt, ich habe noch eine zweite.»

Doch sie brüllt mich an: «Stehen Sie auf, Sie müssen das Zugteil verlassen.»

«Wir sind doch gar nicht in Hamm», sage ich erstaunt, aber sie zetert weiter. Glücklicherweise halten wir gerade, und sie muss raus. Freundlich gebe ich ihr einen Tipp: «Sie können ja statt mit der Trillerpfeife das Abfahrtssignal heute mal mit der Flöte gestalten. Das ist doch sicher eine nette Abwechslung!»

Doch sie hört mich nicht mehr.

Auf der anderen Seite des Gangs bekommt nun ein schlanker Mann in den Vierzigern mit Brille und Anzug einen roten Kopf.

«Erst dieser Flötenradau hier», ruft er erzürnt, «und jetzt, ich will einen Film gucken, ich muss mich dringend vor dem Meeting noch entspannen, und jetzt geht dieses scheiß ICE-eigene WLAN wieder nicht!»

Das tut mir leid, und ich frage mitfühlend: «Um welchen Film handelt es sich denn?»

Er sagt: «Was geht dich das an, Petra Pan?!»

«Danke für den schönen Spitznamen», sage ich erfreut, «aber erzählen Sie ruhig, welcher Film ist es, vielleicht kann ich helfen.»

«Wie das denn?», lacht er hämisch. «Aber bitte sehr: ‹Herr der Ringe – die Gefährten›.»

«Kein Problem», erwidere ich, «das wollen sicher auch andere hier im Abteil sehen. Ich erzähl Ihnen einfach allen schnell, worum es geht: Bilbo Beutlin wird III, vermutlich am II. II. um II.II Uhr, kleiner Scherz von mir, der kleine Bonsai-Hobbit Frodo erbt den magischen Ring und kriegt es nicht auf die Reihe, das Ding zu zerstören, obwohl er es will und soll und das Kaputthauen vom fingerumschließenden Zaubergold besser wäre, um sein Reich zu retten, aber eben schlecht für den Film, deshalb rennt er zum Schicksalsberg, und unterwegs ist ordentlich Klopperei mit Orks, Steinriesen und den Klitschko-Brüdern. Wollen Sie auch Teil zwei hören?»

Besonders die Kampf- und Orkgeräusche gelingen mir gut, und so freut es mich, dass der Anzug-Brillen-Mann sich bedankt.

«Jetzt brauch ich ihn echt nicht mehr zu gucken», sagt er fassungslos.

Ich finde es ein schönes Kompliment, dass ihn meine Darstellung zufriedengestellt hat.

Und doch habe ich das Gefühl, er ist nicht glücklich mit der Lösung, denn er steht auf und verlässt genervt den Wagen.

Andere verlassen ebenfalls kopfschüttelnd das Abteil, und ich wundere mich, dass so viele Leute ausgerechnet in Meppen aussteigen wollen.

Aufgrund des Verzehrs der drei Zwiebelmettbrötchen habe ich großen Durst, leider aber kein Wasser mehr. Im Bordbistro frage ich nach einer Apfelschorle und erfahre, dass es zwar noch Kaltgetränke gibt, davon aber keine Apfelschorle und auch kein Wasser mehr. Eigentlich sei nichts mehr da, nur noch Piccolos, alles andere sei ausverkauft. Da ich Durst habe, nehme ich fünf Stück.

Zurück am Platz, haben um meinen Platz und den von Madame Blacknail herum vierzehn lustige Frauen das Abteil in Beschlag genommen.

Sie prosten mir zu.

«Fahren Sie auch nach Borkum?», rufen sie fröhlich und zeigen auf meine fünf Prosecchi. «Wir fangen ja auch immer schon im Zug an zu feiern! Dann haben Sie ja sicher nichts dagegen, wenn wir fetzige Musik anmachen!»

Bevor ich protestieren kann, stellen sie mir ihre Schlager-Playlist vor, auf die sie sichtlich stolz sind. Andrea Berg, Die Amigos und die Hütchenspieler von Barbados.

Zuweilen sollte man vielleicht doch auf Ratschläge seiner Freunde hören.

Aber nun bin ich einmal hier, und Fürsorge ist mein zweiter Vorname. Ich habe das Gefühl, auf diese Frauen aufpassen zu müssen, denn sie sind alle schon recht angeschickert. Nicht dass beim nächsten Halt plötzlich eine sehr lustige Mittsechzigerin grölend auf den Schienen steht und aus Laub und anderen Früchten des Baumes die Kastanienmännchen Cindy und Bert bastelt.

Also trinke ich nicht nur meinen kompletten Prosecco, sondern auch ihren, sowie eine ganze Batterie Kleiner Feiglinge. Die schwarz benagelte Freundin der Finsternis versteht mein Ansinnen, nickt mir zu und trinkt mit.

Unsere kleine intime Feier wird von der Durchsage des Schaffners mit Ankündigung des nächsten Halts auf Sächsisch, Mongolisch und Schlesisch-Mandarin unterbrochen. «Dasss mus besser werdn, Deusche Bahn», sage ich so deutlich wie zu dem Zeitpunkt noch möglich und rufe: «Don't be afraid to fail. Be afraid not to try!»

Und um zu zeigen, dass wir Kleine Feiglinge nur trinken und nicht sind, schreiten wir zur Tat und entern mit allen Mädels die Kabine der Schaffnerin.

Vor deren erstaunten Augen reiße ich das Bordmikrofon an mich und spreche mit viel Mühe:

«Liebe Mitreisenden, ich begrüße Sie herzlich hier im ‹IC Lahme Ente mit acht Kostbarkeiten› zur fröhlichen Weiterfahrt nach Emden. Der Mensch ist ein soziales Wesen, hier also ein Zwischenbericht: In Wagen 10 kommt in einer Minute pünktlich der Dotter im Schlund von Monika an, Erika ist immer noch auf dem Klo, und wenn Laub auf Schienen fällt, ist das wie ein zauberhaftes Stillstehen der ganzen Welt. Wir nämlich, die Deutsche Glücksbärchi-Bahn, sorgen für IHRE Achtsamkeitsmomente. Die Deutsche Bahn ist immer für Sie da. Denn Deutsche Bahn, das ist, wenn man um 10 Uhr das Haus verlässt und trotzdem noch den Zug um 9.30 Uhr bekommt. Wir verabschieden uns mit dem Lied ‹Irgendwie, Irgendwo, irgendwann›. Gothic-Lady, leg los.»

Ich lege den Arm um sie, der meine positive Stimmung offenbar guttut, denn sie ergänzt ins Mikro: «Ja, Leute, heute ist ein schöner Tag. Ich werde Schwarz tragen.»

Jede auf eigene Weise glücklich, gehen wir zurück zu Wagen 10.

Plötzlich hören wir ein lautes Geräusch.

Man hat uns abgekoppelt.

Die Kinder und mein Lebensgefährte holen mich ab. «Wie war die Fahrt?», fragen sie vorsichtig. Müde schließe ich sie in die Arme und sage: «Einzigartig.»

Resümee: Eine Bahnreise kann man machen. Ich fand es gar nicht schlimm. Ich habe viele Menschen kennengelernt. Ich habe erkannt: Die Pubertät ist im Vergleich zu einer Bahnreise ein Fliegenschiss. Nur den Text über die Bahn, den habe ich nicht geschafft zu schreiben.

Stefan Schwarz
Veränderte Wagenreihung

Vor nicht allzu langer Zeit gab es in der Bahn noch Raucherabteile, weil man Rauchen als eine unbedingt zu gestattende, wenn auch abzusondernde Betätigung ansah. In Bussen und Straßenbahnen, wo Zigaretten und Haarsprayfrisuren schon immer in engerem Kontakt gestanden hatten, war das Rauchen schon früh abgeschafft worden, aber im Personenfernverkehr wollte man es dem Raucher lange nicht zumuten, ein, zwei oder mehr Stunden ohne die erquickliche Einatmung des Tabakrauches zuzubringen. Es war dies ein heute verloren gegangener Respekt vor den Bedürfnissen dieses Lasters. Ja, der starke Raucher betrat seinerzeit das ihm zustehende Abteil mit einer Genugtuung, die fast schon Hochmut zu nennen wäre.

Trinkern blieb dies verwehrt, denn rätselhafterweise richtete man diesem weitaus älteren Laster der Menschen keine speziellen Bahnabteile ein. Trinkerabteile gab und gibt es nicht, obschon ich diese befürworten würde, da bei einer Mischung von Trinkern und Nichttrinkern für Mitreisende die Gefahr besteht, dass sich nach dem Verzehr von ausreichend Alkohol selbst Inhaber unerheblichster und vorhersehbarster Meinungen der Rede würdig dünken und das ungelenke Wort an andere richten, oft aber leider auch an einen selbst, der man gerade liest oder krampfhaft versucht, sich den Anschein des Lesens zu geben, weil man ja nur in innere Abwesenheit fliehen kann.

So sollten in der Bahn Menschen geschieden werden: nach Sitte und Unsitte. Ein Trinkerwaggon, von mir aus auch ein Kifferwagen, ja, und ein Sportabteil sollten bei Zügen, die von Nord nach Süd oder von Ost nach West durch den Tag rollen, selbstverständlich sein. Bahn, denke weiter! Kinderbereiche sind schon recht fein, aber auch Altenabteile können das Reisen aufwerten. Alte unterhalten sich oft nur darüber, wer alles schon tot ist und was alles nicht mehr geht und dass man ja froh sein kann, wenn man überhaupt noch ... Wer einmal das Pech hatte, die Reise von Köln nach Berlin inmitten solcher stark überparfümierten Seniorinnen zu sitzen, bekommt schon vom Zuhören Altersflecke.

Ich fühle dies umso mehr, da ich bisweilen eigentlich ganz gerne anderen zuhöre. Statt irgendwas zu lesen, was mein Sitznachbar mit einem scheelen Seitenblick dann auch lesen kann, wohne ich lieber einer gepflegten Unterhaltung bei. Einer gepflegten Unterhaltung zu lauschen, ist lehrreich, unterhaltsam und bisweilen sogar eine Art Berufe-Raten. Vor allem, wenn man den Gesprächen von Fachleuten lauscht. Man erfährt Dinge aus erster Hand, Dinge, die nicht in der Zeitung zu lesen sind, sozusagen die ungeschminkte Wahrheit, Dinge aus dem echten Leben. Deswegen suche ich in Zügen oft lange nach einem Platz, in dessen Nähe ein interessantes Gespräch anzuhören sein könnte.

In dem Abteil, das ich an jenem heißen Sommertag betrat, war dies unbedingt zu erwarten. Es saßen nämlich drei Herren in Grün herinnen, Förster allesamt, zwei mittleren Alters und ein junger, die von einer überregionalen Forstwirtschaftstagung zurückkreisten in ihre heimischen Forste. Man hatte getagt und Vorträge gehalten, nun saß man noch angeregt beisammen, drei sehr brave Biere standen auf dem Fenstertischchen. Ich frug nach dem unbesetzten Sitzplatz, und siehe, er war frei.

Ungerührt sprach man dann weiter über minderwertige Gehölze.

«Die Birke zehrt an der Lebenskraft des Waldes», sprach einer, und weil die anderen bedächtig nickten, fuhr dieser fort: «Die Alten nannten sie darum auch ‹die Hure des Waldes›.»

Darauf tranken sie sehr artig aus ihren Bierflaschen. Ich sah glücklich aus dem Fenster, denn in keiner Zeitung, keiner Talkshow wären jemals diese Sätze gesprochen worden. Ich war ganz im Lausch-Rausch.

Gerade, als sie auf das Thema Plenterwald zu sprechen kamen, was mich zunächst verwunderte, da ich den «Plänterwald» nur als ehemaligen Berliner Vergnügungspark kannte, bevor ich erfuhr, dass es sich hierbei um eine forstwirtschaftliche Nutzungsform handelt, eine Art Mehrgenerationenwald, in dem Jung und Alt miteinander wachsen und nur einzelne, reife Bäume geerntet werden statt ganze Schläge, just in diesem Moment wurde die Tür zum Abteil aufgeschoben, und eine Zugbegleiterin erschien.

Im Gegensatz zu vielen anderen Zugbegleiterinnen, denen die Passform ihrer Uniform oft ein wenig gleichgültig ist, ja bei denen man sich des Eindrucks nicht erwehren kann, sie hätten sich ihre Dienstkleidung in einer dunklen Kammer aus einem Haufen verschiedener Größen zusammengerauft, im Gegensatz zu all jenen also saß dieser Schaffnerin die Uniform aber wie angegossen, ja fast etwas stramm obenrum. Das sprang besonders ins Auge, weil sie die oberen drei Knöpfe ihrer Bluse nicht geschlossen hatte, es war ja sehr heiß, und ihr Dekolleté wie zwei Pobacken aus dem Ausschnitt leuchtete.

«Fahrkartenkontrolle!», rief sie. «Ich will eure Scheine sehen!»

Die äußerst muntere Ansprache ließ die Förster schon etwas verdutzt dreinschauen, zumal einer von ihnen zaghaft äußerte, sie seien schon kontrolliert worden. Aber das war nichts gegen die Verblüffung, die sie nun allesamt ergriff, als die Zugbegleiterin einen Ghettoblaster in das Abteil stellte, die Tür schloss und die Vorhänge zuzog. Ein hydrantenrot lackierter Fingernagel klickte eine Play-Taste am Ghettoblaster, und dann erschollen Bassgedrömmel und Trompetenfanfare von Joe Cockers «You Can Leave Your Hat On».

Die Zugbegleiterin schälte sich überraschend gelenkig aus dem Blazer, schwenkte ihn über dem Kopf, wahrscheinlich um uns allen etwas Luft in dieser Hitze zuzufächeln, und öffnete dann langsam, aber doch Knopf um Knopf den bislang noch verschlossenen Teil der knappen Bluse. Dazu stellte sie ein glänzend bestrumpftes Bein, das in Hochhackigen endete, dem einen Förster kurz vor den Schritt, wandte sich von diesem, nachdem er reichlich Einblick in ihr Dekolleté erhalten hatte, abrupt ab und wedelte nunmehr mit ihrem straff berockten Hintern dem gegenübersitzenden Jungförster auf dem Schoss herum.

«Ich will eure Scheine sehen!», rief sie wieder. «Will mir denn keiner eins von seinen Scheinchen ins Strumpfband stecken?»

Sie erhob sich, klatschte sich selbst noch einmal auf den Allerwertesten und machte sich dann am Reißverschluss des Rockes zu schaffen, um sich dessen zu entledigen.

Jetzt, wo klar war, dass sie nicht unsere Fahrscheine, sondern echte Geldscheine sehen wollte, kam etwas Bewegung in die Förster. Der Jungförster, dem gerade auf dem Schoß herumgewackelt worden war, machte von der Erotik betäubt Anstalten, zum Portemonnaie zu greifen, während der Spendenaufruf bei einem der Älteren den kurz abgewürgten Hirnmotor wieder zum Laufen brachte.

«Junge Dame!», tippte er ihr auf den Hintern. «Möglicherweise handelt es sich hier um einen Irrtum ...»

Ich gab ihm hastig Handzeichen, er möge mit diesem Hinweis noch warten, bis sie vielleicht zur Gänze ... Aber nun pflichtete ihm auch sein Jahrgangskollege bei.

«Wir haben sie nicht bestellt!», klärte er auf.

Die strippende Zugbegleiterin, die eben ihren Rock auf die Hacken hatte fallen lassen, um aus ihm herauszusteigen, hielt inne.

«Ihr seid doch aber die ‹Grünen Jungs›!»

Sie musterte mit verkniffenen Augen die Förster, deren Grün bei nun näherer Betrachtung gar nichts Juxhaftes an sich hatte, auch wenn da launig die Bierflaschen auf dem Fenstertisch standen. «Junggesellenabschied Florian B.?», fragte sie trotzdem noch. Kopfschütteln allenthalben.

Sie zog den Rock wieder hoch und schaute, obenrum schon noch sehr frei, nach draußen auf die Abteilnummer. Eine Mutter mit einem daraufhin länger erklärungshungrigen Knaben ging vorbei.

«Ist das nicht Wagen 23?», fragte die Stripperin, wieder zurück im Abteil.

«Veränderte Wagenreihung», meinte der Altförster.

«Ich habe meine Kontaktlinsen nicht drinne», erklärte sie. «Sorry für die Störung. Das tut mir so leid.»

«Keine Ursache», beruhigte der andere Förster sie, während der junge Kollege verstohlen seinen Fünfeuroschein wieder ins Portemonnaie fädelte.

Und weg war sie, samt Ghettoblaster. Nur ein Hauch Bodylotion waberte noch durchs Abteil.

«Schade», sagte ich, aber der Altförster meinte streng, das wäre Erschleichen von Dienstleistungen gewesen und das könne einem später auf die Füße fallen. Vielleicht hatte er aber auch einfach keine kleinen Scheine dabei.

Die Förster benetzten ihre dann doch etwas trocken gewordenen Münder mit Bier, und der Jungförster holte sogar noch eine zweite Runde, weil die Verwirrung nicht gleich weichen wollte. Man schüttelte – «Sachen gibt's!» – den Kopf, man lachte, aber zu einem rechten Sachthema fand man nicht zurück.

Das war natürlich doppelt schade. Denn ich hatte doch noch gehofft, dass sie nach einigem Geräusper über «diesen flotten Käfer» assoziationshalber auf den Borkenkäfer zu sprechen kommen würden.

Ein paar Minuten später ging die Abteiltür erneut auf, und ein umfängliches, burschikoses Weibsbild in hängender Uniform zückte den abgegriffenen Fahrscheinleser und fragte: «Noch jemand zugestiegen?»

Ich meldete mich.

Als sie mit dem Kartenleser ins Abteil langte, um mich zu scannen, begannen die Förster plötzlich zu lachen und sangen: «You Can Leave Your Hat On!»

Als die Bahn noch Eisenbahn hieß:

Erinnerungen

Jörg Thadeusz
Leben im Liegewagen

«**E**s gibt nichts Schönes, in dieser Welt auf Schienen. Und es herrscht immer Nacht. Auch tagsüber», so würde es der Charakter in meinem Liegewagenfilm sagen. Unterlegt vom Tadumm-Tadumm, das die Waggonräder auf den Schweißnähten der Schienen noch machten. Sollte ich dieses Damals jemals filmisch nachstellen dürfen.

Er hätte dann diesen Bart, den er damals trug. Er würde Van Nelle halbschwarz rauchen. Wie er es in echt getan hat. Er müsste Micha oder Pitti oder Schelle heißen. Irgendein Name, der sich schnell tätowieren lässt. Für mich war er der männlichste Mann, den ich bis dahin kannte. Meine 68er-Lehrer am Gymnasium ironisierten unsere Schulzeit. Oder sie schliefen mit den Mitschülerinnen. Oder beides. Zur echten Männlichkeit fehlte ihnen etwas Festgewordenes.

Micha, Pitti oder Schelle erwartete von mir, nun auch vom Abiturienten zum Erwachsenen zu werden. Ich war schließlich sein neuer Kamerad in einem Schützengraben namens Liegewagen. Als Person war ich ihm egal. Meine Liste war ihm wichtig. Da durfte ich nicht viel zu viele offiziell verkaufte Kaffees aufschreiben. Oder zu viele Striche bei den offiziellen Dosenbieren machen. Ich lernte über unseren schlimmsten Feind. Den Revisor. Ein hauptberuflicher Erbsenzähler, der verhindern sollte, was in den folgenden Jahren auch meine lukrative Praxis wurde. Löslichen Kaffee für kleines Geld im Discounter kaufen und im Liegewagen für die Mondpreise der Eisenbahngesellschaft verbimmeln. «Mmmh, lecker, so ein frischer Kaffee», seufzten Hunderte Reisende, wenn sie den ersten Schluck des Granulataufgusses aus der Plastiktasse nippten. Bier hatten wir auch dabei. Reingewinn: zwei Mark pro Dose. Schmerzensgeld, wenn eine Skigruppe schon auf der Hinfahrt nach Österreich mit einigen Paletten Bier den Pegel für die kommenden «Wintersport»-Tage kalibrierte und dabei gar nicht schön sang.

Micha, Pitti oder Schelle hatte recht. In diesen Liegewagen gab es nichts Schönes. Wir saßen in sogenannten «Dienstabteilen». Die sahen so ungastlich aus, dass mich eine Passagierin fragte, ob sie bei mir Pipi machen dürfe. Und das war nicht als erotische Herausforderung gemeint. Sie glaubte schlicht, ich würde immer dann, wenn ich keinen Kaffee austeilte oder Betten baute, auf der Toilette lesen.

Im Rücken hatten wir die Decken. Eigentlich gute Kumpels. Denn die fuhren, wie wir Zugbegleiter, immer mit. Anders als wir stiegen sie aber niemals aus. Sie wurden von uns ordentlich gefaltet. Aber nicht gewaschen. In gewisser Weise eine Schule der Nachhaltigkeit. Denn die Ausdünstungen der schlafenden Fahrgäste wurden nicht einfach vernichtet. Sondern blieben als Souvenir für die nächsten Reisenden im Kunststoff der Decken. Um dem Geruch des Deckenstapels nicht schutzlos ausgeliefert zu sein, fing ich mit dem Rauchen an. Filterlose französische Zigaretten, deren Qualm ich mir als desinfizierenden Heilrauch vorstellte. In unseren Zügen saßen ausschließlich Touristen, wir hießen Reisebürosonderzug. Trugen blaue Uniformen aus einem unangenehmen Kunststoff. Micha, Pitti oder Schelle sah darin aus wie ein schlachterprobter Veteran, dessen ausgemergeltes Gesicht am unteren Bildrand eine lebensfrohe rote Krawatte gut gebrauchen konnte. Ich sah im Spiegel einen pummeligen Konfirmanden, der Schaffner spielte.

Der Pauschalurlauber bekennt mit seiner Buchung seine Hilflosigkeit. Bezahlt also auch für Anführerschaft. Die sogenannten «Reiseleiter» waren unsere Chefs und hatten im Zug das Sagen.

Oder das Plappern. Sie ließen über die Bordlautsprecher Musik laufen, die auf jedem «Kraft durch Freude»-Dampfer gern gehört gewesen wäre. Das unterbrachen sie mit käsigem Gelaber über das «frisch gezapfte Pils vom Fass», auf das sich der männliche Gast zu freuen habe. Während «die Dame» doch sicher über «ein Piccolöchen» ganz aus dem Häuschen geraten würde.

Erreichten wir den Rhein, ufftatate «Wenn das Wasser im Rhein goldner Wein wär» durch den gesamten Zug. Spätestens dann ratschte in allen Dienstabteilen das Rollo herunter. Ziviler Widerstand gegen das Zwangsidyll. Vor dem Zugfenster gab es dann nur noch die Aussicht auf die metastasenfarbene Plastikplane, auf der Generationen von Zugbegleitern mit Kugelschreiber erotische Wünsche hinterlassen hatten. Oder einfach nur Sehnsucht nach reichen Eltern, die ihnen das Schicksal dieses Studentenjobs erspart hätten.

War Franz Zimmermann der Reiseleiter, wünschten wir uns, im Kreise von Revisoren zwei Wochen Urlaub machen zu dürfen. Es ging das Gerücht, er sei lange bei der Fremdenlegion gewesen. So groß, dass er sich beim Einsteigen in den Waggon ducken musste. Die Haut wie die verkraterte Mondoberfläche, wenn der Mond auch Alkoholiker wäre. Auf den ersten Kilometern unserer Reise trank er ritualhaft einen Tee. Das letzte nichtalkoholische Getränk des dreitägigen «Umlaufs». Für seine sogenannten «Dienstbesprechungen» hätten wir uns gerne sicherheitshalber die Münder mit Pflastern verklebt. So sehr waren Fragen verboten. Seine kurze Ansprache verriet mindestens, dass er nicht aus der Nobel-Hotellerie zu den Sonderzügen gekommen war. «Denkt dran, die Säcke reisen nicht, die werden transportiert», gab er uns jedes Mal mit. Verbunden mit dem rasiermesserscharfen Hinweis, wir mögen ihm «ja nicht mit irgendeinem Scheiß auf die Eier gehen».

Was hieß: Wir waren auf uns selbst gestellt. Oder mit Nachfragen bei ihm augenblicklich in der Hölle.

Einmal musste ich einen Kollegen zu Zimmermann begleiten, weil sich der andere Betreuer so sehr fürchtete. In seinem Wagen war auf der Strecke nach Koblenz ein betagter Reisender gestorben. Zimmermann, der bereits so getankt hatte, dass seine Pupillen in Alkohol zu schwimmen schienen, pampte uns an: «Packt den in Alufolie ein. Nächsten Bahnhof schmeißen wir ihn raus.» Immerhin bestellte er dann doch einen Rettungswagen an den nächsten Halt.

Eine nervensägende Omi wünschte sich wegen ihrer Durchfallerkrankung eine eigene Toilette. «Ich kann Ihnen ein bisschen Zyankali geben», beschied Zimmermann der zum Glück schlecht hörenden Reisenden. Sein Blick sagte überdies «Na warte, Freundchen» in Richtung des Betreuers, der ihm die Frau mit ihrem Sonderwunsch nicht vom Hals gehalten hatte.

Doch, das Stift Melk in Niederösterreich war in der Morgensonne auch durch das Fenster unserer Liegewagen schön anzusehen. Leider haben Männer allzu gerne ihren mitreisenden Familien erklärt, es würde sich um Schloss Neuschwanstein handeln. Diese Männer stellten auch immer, wirklich immer, die Frage, ob ich das denn hauptberuflich mache. Dieses Deckenfalten, Kaffeebringen, Liegen-auf-und-wieder-Zuklappen. Warum habe ich niemals geantwortet, diese Tätigkeit, kombiniert mit meiner leichten Reiseübelkeit, sei genau die Erfüllung meines Karrieretraums? Haben Sie was Besseres für mich?, hätte ich fragen sollen. Oder sagen: Nein, ich leide schrecklich und habe Heimweh, darf ich zum Trost Ihre Frau/Freundin/Tochter küssen?

Auch sehr einträglich, unser Geschäft mit der Lust. Meistens waren es Männer, die mit Tropfenglas-Sonnenbrille zur Welt gekommen waren, die mit einem Fünfzig-Mark-Schein wedelten und erklärten, sie müssten mit ihrer Frau/Freundin wirklich allein sein. Den Geldschein nahm niemand sofort. Jeder von uns tat so, als wäre das wirklich nicht einfach. Als müsste man den Reiseleiter fragen gehen. Konnte der Angebermann ja nicht wissen, wie ausgeschlossen das war. Wollte ich mich nicht von Zimmermann in einem ruhigen Winkel des Zuges selbst sadistisch demütigen lassen. Auch wenn es wirklich schwierig war: Die fünfzig Mark fanden immer den allerbesten Weg, also den in unsere Brieftasche. Zumal in die von anderen Passagieren freiquartierten Abteile auch gerne der schlimme Sekt bestellt wurde, dessen schamloser Preis sich so prima zu einem üppigen Trinkgeld aufrunden ließ.

Eine ganz besonders schlimme Fahrt stand aus Venedig bevor. In den Abteilen war es so heiß, wie es eben ist, wenn ein Zugwaggon im italienischen Sommer mehr als zwölf Stunden in der prallen Sonne steht. Die Klimaanlage war nicht ausgefallen. Denn es gab ohnehin keine. Zudem offenbarte sich in meinem Wagen wieder das Problem, das die Waggons gelegentlich altersbedingt hatten. Mein Wagen konnte das Wasser nicht mehr halten. Lose gewordene Seilzüge öffneten alle Schleusen, kein Tank blieb dicht. Ich verschloss also die Toiletten und die Waschräume. Versuchte, die Entrüstung durch Selbstmitleid abzuwettern. Mir sei doch schließlich auch warm. Sagte nur nicht dazu, wie oft ich mich, in der für uns gesicherten Toilette im Nachbarwagen, abkühlen ging.

Plötzlich hieß es, einer Frau müsse geholfen werden. Nicht gut, dachte ich. Wahrscheinlich eine Rentnerin, schlimmstenfalls gestorben, wieder Alufolie. Und das bei der Hitze.

Es war ein Mückenstich, der schwoll. Über einem schönen jungen Knöchel und einem schönen jungen Fuß. Gehörte alles zu der schönen jungen Frau, die sich überaus freute, als ich ihr den Stich mit Mineralwasserwickeln kühlte. Sie war ab sofort in meinem Sinne intensivpflichtig. Ich überließ alle anderen Gäste ihrem Schicksal. Ließ sie allein ihre Liegen aufklappen, auch wenn das schon wieder verboten war. Ich zog einen zweiten Bezug über das Kopfkissen, damit die schöne Gestochene nicht auch noch auf irgendeine Weise mit dem Kisseninneren in Berührung kam.

Warnte sie vor den fürchterlichen Decken, auf denen wir nicht einmal ihren nackten Fuß abstützen sollten. Wir redeten sanft und leise. Ich wurde nur mit Blicken laut, wenn einer von den anderen Reisenden kam und ein «leckeres Bier» wollte, statt sich endlich hinzulegen und die Klappe zu halten. Es war alles so angenehm mit ihr, meiner verletzten Kundin, für die ich «Dienstleistung» endlich mal großschreiben konnte.

Wahrscheinlich hätte sie mir sogar ihre Adresse gegeben. Nur hätte ich danach fragen müssen. Dazu hätte mich aber die Schönheit auf der Schiene nicht so unverhofft treffen dürfen. Selbstverständlich habe ich später noch an sie gedacht. Wie es wäre, mit ihr eine wunderschöne Flugreise zu machen.

Oliver Maria Schmitt
Bahnchef, ich mach den Scheck-Check!

Neben Fußball, Politik und Gendern ist der Deutschen ergiebigstes Schimpf- und Meckerthema seit je die Deutsche Bahn. Doch all das Gekeife und Gespött in Ehren – bringt es uns auch nur einen Schienenkilometer weiter? Kein Stück. Denn es fehlt, auf gut Deutsch gesagt, die probate *mindset mobility*. Es mangelt an der allumfassenden, ja transzendentalen Bahnverbindung, am starken Bund zwischen Bahn und Passagier. Wo bleibt der Schienenweg in eine echte Solidar- und Fahrgemeinschaft?

Die Bahn braucht Kunden, die zu ihr stehen, selbst wenn sie steht. Die stolz darauf sind, in einem überfüllten Zugabteil zu stehen, obwohl es im Auto viel gemütlicher ist und der Service im Flieger besser. Sie braucht Leute, die zu ihr halten, gerade wenn der Zug außerplanmäßig hält. Starke Kunden, die Verzögerungen im Betriebsablauf als sinnbildlichen Teil des Lebens nehmen; die ein Zugausfall nicht gleich aus der Bahn wirft, sondern die das als Angebot zur Entschleunigung in hektischen Reisezeiten lesen. Menschen, für die eine umgekehrte Wagenreihung eine interessante Abwechslung ist, ganz zu schweigen vom überraschenden Gleiswechsel. Mit einem Wort: Premiumpassagiere. Die stolz darauf sind, zum exquisiten Kreis der regelmäßigen Railrunner zu gehören.

Wie aber schafft man einen solchen Pakt, einen festen Vertrag zwischen Kunde und Korporation? Natürlich durch ein Vertragspapier, durch ein Dokument des Vertrauens. Die Bahncard allein taugt dafür nicht, die kriegt man ja schon bei der einfachsten Buchung aufgedrängt und hinterhergeschmissen. Umso trauriger, dass die Bahn ein solches symbolhaftes Paktpapier schon einmal besaß und ihre Kunden damit beglückte. Es war klein, rechteckig und fortlaufend nummeriert, kam in einem schicken Etui daher und trug die kraftvolle Bezeichnung «BahnPlus Scheck». Doch die glückliche Vertragsphase währte nur kurz. Kaum war dieses wunderbare Mobilitätspapier im Umlauf – das alles geschah im Jahr 1999 –, wurde es auch schon wieder vom Markt genommen. Wann genau und warum, das wissen wir nicht. Fest steht nur, dass die Deutsche Bahn eine historische Weiche falsch stellte und prompt auf den Irrweg in eine ungewisse Zukunft abbog. Ein hausgemachtes Bahnunglück.

Liebend gerne hätte ich das verhindert, doch ich war damals ein unbeholfener Bahncard-Novize, der kaum wusste, wie man einen freien Sitzplatz ergattert, geschweige denn, wie man mit gönnerhafter Gebärde Schecks ausstellt. Das klingt jetzt alles ziemlich verwirrend, ich weiß, lassen Sie mich die Geschichte lieber mal so beginnen:

Fast jeder Mensch träumt davon, einzigartig zu sein. Ich aber bin es! Denn mit ziemlich allergrößter Sicherheit bin ich der einzige Mensch im Netzgebiet der Deutschen Bahn, der noch immer ein ganzes Bündel echter «BahnPlus Schecks» zu Hause hat. In meiner rechten oberen Schreibtischschublade. Diese Schecks sind die vergessenste Bahnzusatzleistung seit der Einrichtung einer Bahnverbindung zwischen Nürnberg und Fürth. Im Internet mit seinen geschätzten zwei Milliarden Webseiten zu absolut allem und jedem findet sich gerade mal eine (!) einzige (!!) Seite, die noch etwas von diesen mysteriösen Verrechnungsschecks weiß – und die wurden immerhin mal von einem der weltweit größten Logistikunternehmen in Umlauf gebracht. Vielleicht hätte man ja schon angesichts der seltsam unentschlossenen Schreibweise «BahnPlus Scheck» düstere Vorahnungen haben müssen – aus panischer Angst vor der Verwendung von Bindestrichen hatten die Produktentwickler in ein und demselben Kompositum erst zum Binneninitial und dann zum Leerzeichen gegriffen. Eine KurzSchluss Handlung?

Warum ich die Dinger noch habe, weiß ich gar nicht. Vielleicht weil ich Schecks einfach liebe? Sie sind zeitlos und unvergänglich, Schecks sind das älteste aller Zahlungsmittel, noch älter als das Münzgeld; sie sind Wertbriefe aus der Vergangenheit, Botschaften einer altehrwürdigen Epoche, in der solvente Herrschaften mit Stehkragen und Federhalter feierlich eine Zahlungsorder indossierten. Thomas Cook, der Urvater des organisierten Reisegeschäfts, brachte 1874 die ersten weltweit gültigen Umlaufnoten in denselben; William C. Fargo, Mitarbeiter bei American Express, löste am 5. August 1891 im Hotel Hauffe zu Leipzig den ersten «Traveller's Cheque» ein. Seitdem blätterten Generationen mobiler Menschen Reiseschecks auf Tresen und Schalter, wenn sie keine fremden Währungen dabeihaben wollten oder konnten.

Für mich war das immer ein quasihoheitlicher Akt, wenn der Vater auf Urlaubsreisen das Scheckheft zückte und den Wirt nach der Abkürzung der jeweiligen Landeswährung fragte, bevor er eine Zahl und ein geheimnisvolles Kürzel wie «FF», «CHF» oder «LIT» in den neuartigen «Eurocheque» malte. Und bei meiner ersten eigenständigen Reise ins französische Ausland wurde ich juveniler Fant schon am zweiten Abend von der korsischen Wirtin in Bastia mit dem Ehrentitel «Monsieur Le Cheque» angesprochen – weil ich nämlich auch an diesem Abend wieder meine lächerlich kleine Restaurantrechnung mit einem echten Traveller Cheque beglichen hatte. Auf den ich mir dann ordentlich Francs herausgeben ließ.

Kein Wunder also, dass ich als notorischer Scheck-Monsieur sofort zugriff, als ich eines schönen Tages im Jahr 1999 ein Angebot erhielt, das ich keinesfalls ausschlagen konnte. Als Bahncard-Inhaber bekam ich diese Offerte sogar vom Bahnchef persönlich zugeschickt. Ich weiß nicht mehr, ob der Mann Lutz oder Grube oder Mehdorn hieß, aber an seinen Vornamen erinnere ich mich noch ganz genau: Er lautete «Bahnchef» – so wie alle Bahnchefs mit Vornamen Bahnchef heißen. Dieser Bahnchef jedenfalls informierte mich darüber, dass in wenigen Wochen ein neuer Service für Vielfahrer mit Bahncard starte, nämlich der jetzt schon so verheißungsvoll klingende «BahnPlus Service».

Schon die Ankündigung war reine, süße Zukunftsmusik: «Mit BahnPlus forciert die Deutsche Bahn den Aufbau einer Reisekette von Haus zu Haus.» Wer wollte da nicht sofort Glied in einer solchen Kette sein? In speziellen Callcentern, ließ mich der Bahnchef wissen, würde man mir «Informationen über den Transfer vom Bahnhof zum endgültigen Reiseziel mit U-Bahn, Straßenbahn, Bus oder auch zu Fuß» zur Verfügung stellen, ja, ich könnte mir sogar einen «individuellen Reiseplan per Fax ins Haus schicken lassen». Ging es denn noch besser? Gab es womöglich sogar spezielle Taxis? Aber hallo, und wie es die gab! Sogar «spezielle Taxis für die Fahrt zum Bahnhof». Verrückt. Wie kam die Bahn nur auf solche Ideen?

In der Pilotphase sei diese revolutionäre Reiseform vorerst freilich nur «im Korridor Frankfurt–Stuttgart–München» möglich gewesen. Nun aber werde dieser fantastische Service auch «in den Ballungsgebieten Berlin, Köln, Bonn, Düsseldorf, Dortmund, Hamburg und Hannover» angeboten. Eine erfreuliche Nachricht, zweifellos, und man kann nur ahnen, wie lang die Gesichter der Menschen in den Ballungs- und Metropolregionen Bremen, Leipzig oder Dresden gewesen sein müssen, als sie über Umwege erfuhren, dass sie in einem zumindest für die verantwortlich zeichnende DB Reise & Touristik AG leider wirtschaftlich uninteressanten Teil Deutschlands wohnten.

Das Tollste aber war: All diese unfassbaren Leistungen waren entweder kostenlos oder konnten lediglich mit Scheck und

Unterschrift beglichen werden: «Die BahnPlus-Nutzer erhalten zum Begleichen ihrer Reisekosten (Bahn-Fahrkarten, Hotels, Essen etc.) BahnPlus Schecks. Sie haben einen Wert von DM 400,–. Hiermit können auch Taxifahrten beglichen werden.» Ich müsse in den assoziierten Ballungsgebieten nur noch ein Taxi mit «BahnPlus Piktogramm» an der Heck- oder Frontscheibe auftreiben, dem Fahrer meinen Scheck und meine gültige Bahncard vorzeigen, das Wort «Taxi» auf dem Scheck ankreuzen und nach vollbrachter Fahrt den Betrag in Worten und als Zahl eintragen, ebenso das Datum, um hernach den Scheck «im Beisein des Taxifahrers» zu unterschreiben. Nun hatte der freundliche BahnTaxi-Fahrer nur noch seine Taxinummer «hinter das angekreuzte Wort ‹Taxi›» einzutragen, dazu selbstverständlich auch noch seine «Partner-ID-Nummer» («damit der Scheck der Monatsabrechnung zugeordnet werden kann») – und schon war der Premiumservice eingeholt. Ein Kinderspiel!

Sofort war ich begeistert von diesem unglaublichen Angebot. Noch aufgewühlter war ich, als das Scheckheft endlich bei mir eintraf, ich die mit zarten roten Wellenlinien und allerhand prickelnden Zusatzfeatures bedruckten Wertpapierchen betrachten durfte. Der Scheck konnte sich, wenn man auf der ebenfalls bedruckten Rückseite den Start- und den Zielbahnhof eintrug («Nachlösegebühr entfällt. Bitte stets _vor_ Fahrtantritt eintragen!»), in einen DB-Fahrschein verwandeln, man konnte aber auch «Taxi» oder «Hotel» oder «Gastronomieleistung» ankreuzen, ja sogar einen «Park-Service» oder einen noch viel geheimnisvolleren «Chauffeur-Service» – was auch immer das sein mochte. Und ich weiß auch noch, was ich damals, vor über zwanzig Jahren, beim Betrachten dieser Wunderschecks dachte: Das klappt doch nie im Leben!

Wahrscheinlich hatte ich recht, denn dass ich noch ganze achtzehn dieser Schecks mein Eigen nenne, deutet darauf hin, dass ich wohl nur zwei ausgegeben habe. Beziehungsweise versucht habe auszugeben. Einmal bei einem Kellner im Speisewagen, der sich hartnäckig weigerte, dieses ihm völlig unbekannte Spielgeld als Zahlungsmittel entgegenzunehmen. Der andere ging beim Streit mit einem Taxifahrer kaputt. Nachdem ich in der langen Taxi-Warteschlange vor dem Kölner Hauptbahnhof endlich eine der eminent raren Droschken mit «BahnPlus»-Scheibenaufkleber gefunden und unter den wütenden Beschimpfungen der anderen Taxifahrer bestiegen hatte, wollte sich der Fahrer nach Fahrtende nicht mit diesem suspekten Zettel zufriedengeben. Auch der Hinweis auf seinen «BahnPlus»-Aufkleber fruchtete nichts, das sei der Wagen «von Kollega», und jetzt, ritsch-ratsch, wolle er richtiges Geld.

Sicher, das waren die üblichen Anlaufschwierigkeiten. So ist das immer am Anfang einer Revolution, wenn etwas Großes und ganz Neues entsteht. Mit dem «BahnPlus Scheck» jedenfalls hatte Deutschlands Eisenbahn schlechterdings alles – ihre Perspektive, ihr Wohlergehen, ihre Prosperität, ihr ureigenstes Momentum, ja letztlich ihre gesamte Zukunft – in der Hand. Und nichts daraus gemacht. Die «BahnPlus Schecks» gingen den Weg aller hingeschiedenen Bahnleistungen, wie auch die Dampflok, die Bahnsteigsperre, der Interregio, der Schlafwagen oder das Emailleschild «Nicht auf den Boden spucken» wurden sie eingestellt und aus dem Verkehr gezogen. Weil das irgendein Mann mit dem Vornamen Bahnchef nun mal so entschieden hat. Auf jeden Fall ein Jammer. So bleiben mir nur süße Erinnerungen an eine Zeit, in der die Bahn um Papieresbreite in eine Zukunft mit zufriedenen, auf den Bahnsteigen dieses Landes jedem einzelnen abfahrenden Zug begeistert hinterherwinkenden Stamm- und Scheckpublikum abgebogen wäre.

Ich öffne die Schreibtischschublade und streiche versonnen über das schwarze Plastikcouvert mit Lederprägung und träume von einer Zeit, in der meine namentlich bedruckten Zauber-scheks endlich wieder gültig sein werden und ich mit ihrer Hilfe die Mutter aller Scheckheftreisen antrete. Dann betrete ich den Bahnhof durch einen separaten BahnPlus-Eingang, denn selbst-verständlich müssen wir Scheckheftpassagiere uns den Eingang nicht mit gewöhnlichen Bahnkunden teilen. Mein BahnTaxi-Fahrer trägt mein Gepäck, weil ich auf seinem Bahnscheck das Wort «Chauffeur-Service» angekreuzt habe. Auf einem schwar-zen Teppich mit Lederprägung gehe ich zum Zug und besteige den speziell für mich reservierten BahnPlus-Salonwagen mit Schlafabteil, es gibt sogar einen kleinen Bereich neben dem Marmor-WC, wo man auf den Boden spucken darf, wenn man das nur wollte. Kaum hat die schnaufende BahnPlus-Dampflok unseren Interregio aus dem Bahnhof gezogen, betrete ich den Speisewagen. Sofort ist Superstimmung. Wie immer, wenn Mon-sieur Le Cheque sich die Ehre gibt, «Lokalrunde!» brüllt und mit gönnerhafter Gebärde das Kästchen «Gastronomieleistung» auf dem letzten seiner noch verbliebenen «BahnPlus Schecks» an-kreuzt.

Wirklich schon der letzte? Nein, das habe ich nur geträumt. Sicherheitshalber mache ich den Scheck-Check und zähle meine noch verbliebenen BahnPlus-Blätter durch – und entdecke vor dem letzten Scheck, wie das damals üblich war, ein Hinweisblatt: «Sehr geehrte BahnPlus Kundin, sehr geehrter BahnPlus Kunde, Ihre BahnPlus Schecks sind fast aufgebraucht. Bitte fordern Sie jetzt telefonisch 20 neue BahnPlus Schecks an, damit Sie ohne Unterbrechung von allen Vorteilen des BahnPlus Service profitie-ren können.» Ja, das will ich selbstverständlich sofort tun.

Auch wenn ich noch eine gute Handvoll Schecks in petto habe – wenn die Dinger endlich wieder gültig werden, will ich nicht als designierter Verlierer mit zu wenigen BahnPlus Schecks daste-hen. Also wähle ich die «Service-Nummer für Scheck-Bestellung»

(hier hat's der Bindestrich rätselhafterweise wieder geschafft):
0180/53 111 53.

Doch weh! Es meldet sich nur eine völlig rätselhafte Veranstaltungshotline: «Herzlich willkommen bei der Veranstaltungshotline. Wählen Sie nun bitte die 01806 / 31 11 53.» Okay, wahrscheinlich werde ich das sogar bald machen. Denn für eine Zukunft mit BahnPlus Schecks tue ich alles.

Lisa Catena

Falsche Russen und die
große weite Welt

«**S**ie lebte in einem Zug.» So etwas könnte auf meinem Grabstein stehen.

Meine erste Bahncard 100 bekam ich mit acht Jahren. Bahncard 100 heißt in der Schweiz «Generalabonnement». Es ist der Freifahrschein für das ganze Schienennetz, alle Busse, alle Trams, alle Schiffe und sogar ein paar Bergbahnen sind mit drin. Das Generalabonnement ist relativ günstig: Wer jeden Tag mit dem Zug fährt, für den lohnt sich ein GA. Mein erstes Abonnement wurde am Bahnschalter von einer Schalterbeamtin auf dickes Papier gedruckt und in einer blauen Plastikhülle an mich überreicht. «Hier ist dein GA, frohe Fahrt.» Ob meine Fahrt froh werden würde, daran hatte ich ein paar Zweifel. Meine Mutter hatte mir wenige Tage vorher mitgeteilt, dass ich ab den Herbstferien nicht mehr in meine alte Schule bei uns im Quartier gehen würde, sondern auf die Waldorfschule. Die war nicht in Thun, wo wir wohnten, sondern in Spiez im Berner Oberland, zwanzig Minuten mit dem Zug entfernt.

Meine Sorgen über den Schulwechsel und den neuen Schulweg waren unbegründet. Rund fünfzehn Kinder aus Thun sammelten sich jeden Morgen auf Gleis 1 und bestiegen den Schnellzug Richtung Interlaken. Nach zwanzig Minuten purzelten wir in Spiez aus dem Zug, und abends fuhren wir wieder zurück. Der Zug wurde schnell unser zweites Zuhause, unser Spielplatz, unser erweiterter Pausenhof. Nach einer Weile kannte ich alle Kondukteure auf der Strecke, und sie kannten uns. Am liebsten hatte ich «Goldlöckchen». Wir nannten ihn so, weil er langes, goldgelb gelocktes Haar hatte und einen Schnauzer. Noch heute sehe ich Goldlöckchen hin und wieder in einem Zug die Fahrscheine kontrollieren. Die Haare sind etwas dünner und kürzer, das Gesicht etwas dicker, aber der Schnauzer ist noch wie früher. Goldlöckchen fragte uns immer, warum wir denn mit dem Zug zur Schule fahren. Ob wir bei uns zu Hause keine Schule hätten? Dann sagten wir ihm, wir gingen eben auf die Waldorfschule, und dann lachte er, schüttelte den Kopf und ließ sich vom nächsten Fahrgast den Fahrschein zeigen.

Heute ist es für mich die Höchststrafe, wenn ich gemütlich in einem Zug sitze und eine Schulklasse zusteigt. Und wenn ich Zug fahre, steigen sehr oft Schulklassen ein. Wahrscheinlich ein karmischer Ausgleich, denn unsere laute Bande war nicht gerade das, was man sich unter der idealen Bahnklientel vorstellt. Aurel aus meiner Klasse zum Beispiel raste jeden Morgen auf dem Bahnsteig hin und her, während wir auf den Zug warteten. Stets mit dem Cello auf dem Rücken und den Kopf zum Boden gebeugt, sah er aus wie eine Schildkröte.

Auffallend viele Waldorfschüler spielen Cello. Das ist Rudolf Steiner geschuldet. Der österreichische Okkultist und Waldorfschulgründer hatte zu quasi allen Lebensbereichen eine Meinung. Zu Musik, zu Gartenbau, zu Landwirtschaft, zum Leben allgemein und zum Leben danach. Und natürlich zur richtigen Erziehung von Kindern. Dazu gehört nebst viel musizieren, bevorzugt mit Cello und Geige, Filzzwerge basteln und mit Tannzapfen spielen. Die adäquate Ernährung von Kindern umfasst angeblich Getreide, aufgeteilt nach Wochentagen und den entsprechenden Planeten zugeordnet, keine Süßigkeiten, kein Kaugummi und keine Pilze. Glücklicherweise wurden Steiners «Einsichten» zwecks Alltagstauglichkeit und dank dem gesunden Menschenverstand der meisten Eltern erheblich abgefedert.

Nicht so bei Aurel. Sein Zugang zu Süßigkeiten war rigoros

unterbunden. Da er auf einem entlegenen Bauernhof wohnte, konnte er nicht einfach schnell mal ein Snickers holen. Und in Ermangelung von Taschengeld sah er jeden Morgen beim Bestei- gen des Zuges einen Kiosk, vollgestopft mit Süßigkeiten, und keine Chance, ins gelobte Land zu gelangen. Chancen muss man nicht nur sehen – man muss sie vor allem packen. Im Falle von Aurel war es weniger Packen als Klauben. Die Hunderte von aus- gespuckten Kaugummis auf dem Bahnsteig. Schwarz, eingetre- ten – aber es waren Kaugummis, und Aurel fegte jeden Morgen über den Bahnsteig, klaubte liebevoll seine Kaugummis vom Beton und steckte sie sich genüsslich in den Mund.

Kreativität wurde auch sonst sehr gefördert an der Waldorf- schule. Auf unserer Bahnstrecke fuhren wir jeden Tag an einem Haus vorbei, in dessen Wintergarten ein Papagei wohnte. Ein wunderschöner Ara mit leuchtend gelbem und blauem Gefieder. Weil der Zug auf diesem Streckenabschnitt stark beschleunigte, war der Papagei nur eine Sekunde lang zu sehen. Mit der Zeit wurde es für uns Schüler eine Art Sport, den Ara zu sehen. Saß man im Zug so, dass man rückwärts schaute, konnte man die Papageien-Sichtung um eine weitere Sekunde verlängern. Wir gaben dem Papagei einen Namen und malten uns aus, wie es wäre, wenn wir ihn besuchen dürften. Welche Wörter würden wir ihm beibringen? Ein deftiges Fluchwort auf jeden Fall, da waren wir uns einig. Wenn sein Besitzer Besuch hätte, würde der Ara den Gast mit einer Unflätigkeit begrüßen. Wie lustig! Mit meiner Schulfreundin bespielte ich eines Nachmittags eine Kassette. Schließlich hatte ich einen Kassettenrekorder mit Mikrofon, und in dieses sprachen wir langsam und gut artikuliert alle Arten von Fluchwörtern, genau so, wie wir es auf der Sprachlernkassette unserer Eltern gehört hatten: «Papp-na-se», «I-di-ot», «Mist- stück». Mithilfe des Telefonbuchs fanden wir die Adresse des Hauses heraus, und wir verschickten die Kassette, adressiert an

«Ara-Papagei». Ob der Sprachlehrgang ein Erfolg war und das Tier ordentlich fluchen lernte, haben wir leider nie erfahren.

Im Winter nahmen wir die Skier mit in die Schule, um am Nachmittag auf dem Hügel hinter der Schule Ski zu laufen. Dann waren die Zugabteile nicht nur von Schulkindern mit Schulsäcken und farbigen Skidressen überfüllt, sondern auch noch von Skischuhen, Skiern, Skibrillen, Mützen und Skistöcken. Vor allem beim Aussteigen wuselten alle durcheinander, Skier fielen um, und wenn man nicht aufpasste, hatte man einen Skistock in den Rippen oder im Auge. Skihelme und Rückenpanzer, um uns vor dem Schlimmsten zu schützen, gab es damals noch nicht. Die Welt war noch weniger gefährlich, und Skifahren war in den ländlichen Berggebieten der Schweiz so selbstverständlich wie Gehen.

Schließlich hatten unsere Eltern uns schon mit drei Jahren in den Skiferien in die Skischule gesteckt. Weniger, um uns die Finessen des Skisports näherzubringen, als viel eher, um uns für ein paar Stunden los zu sein, sich in der Après-Ski-Bar ungestört ein paar «Kurvenöl» hinter die Binde zu kippen und danach in der verwaisten Ferienwohnung an der nächsten Generation Skischüler zu arbeiten. Ich habe von meiner Skischule wenig profitiert. Die Skiferien verbrachten wir immer in Haute-Nendaz im Wallis, dort wurde ich zusammen mit meinem Cousin in die Skischule verfrachtet. Leider war die Skilehrerin eine Deutsche, und da wir zu Hause kein Fernsehen hatten (danke, Rudolf Steiner), konnte ich, bis ich lesen und schreiben lernte, kein Hochdeutsch sprechen oder verstehen. So stand ich mit drei in der Skischule auf dem Idiotenhügel mit einer Frau, die mir eindringlich irgendwas erklärte, was ich aber nicht verstand. Das Einzige, was ich verstand, war, dass mein um ein Jahr älterer Cousin bereits unten am Hügel stand. Deshalb beugte ich mich ein wenig vornüber und ließ mich in die Skier fallen, alles kam in Bewegung, und schon war ich unten und fiel neben meinem Cousin kopfüber in den Schnee. Die erste Abfahrt war geschafft, die deutsche Skilehrerin brüllte was vom Hügel, und meine Skibildung war fürs Erste abgeschlossen.

Aber mit dem Zug transportierten wir nicht nur Skier. Wir transportierten Hasen und Meerschweinchen, Stühle, Legotürme und Bastelsets. Später Stereoanlagen, Pferdesättel und Mountainbikes. Einmal nahm ich sogar meine Harfe mit in den Zug. Sie war noch größer und schwerer als das Cello von Aurel. Wie Rudolf Steiner zu Harfen stand, ist nicht bekannt. Aber ich hatte mir schon sehr früh in den Kopf gesetzt, dieses Instrument spielen zu wollen. Und ich liebte es. Nur damals, als wir die schwere Harfe, in Wolldecken verpackt, in den Zug hievten, dachte ich einen Moment sehnsüchtig an eine Blockflöte. Doch der Moment der Schwäche war kurz – schließlich sollte die Harfe mein Eintrittsticket ins Showgeschäft werden. Dafür brauchte es nur noch den richtigen Startschuss, und der kam bald. In Gestalt eines Russen.

Russen waren früher im Berner Oberland sehr selten. Es war wahrscheinlicher, von einem Traktor überfahren zu werden, als einem Russen über den Weg zu laufen. Die Menschen im Berner Oberland blieben gerne unter sich. Sie waren stille Beobachter, Worte lagen ihnen nicht. Sie gingen ihrem Tagewerk nach, fuhren Ski, klopften einen Jass (ein Schweizer Kartenspiel), und wenn sie krank waren, fragten sie zuerst den Tierarzt um Rat. Noch heute sind die Berner Oberländer misstrauisch gegenüber Autoritäten wie Ärzten, Pfarrern oder politischem Personal. Russen wären skeptisch beäugt worden. Und selbst im mondänen Skiort Gstaad ließen die Gasmillionäre die Moët-Korken Ende der Neunziger noch nicht im Minutentakt knallen und bogen die schlechten Tischmanieren hinterher mit einem Tausender Trinkgeld gerade.

Trotzdem begann meine Bühnenkarriere mit einem Russen, genauer gesagt: mit Ivan Rebroff. Der Mann mit Fellmütze und

Vier-Oktaven-Stimme hatte damals seinen beruflichen Zenit schon überschritten. An die goldenen «Anatevka»-Zeiten konnte er nicht mehr anknüpfen, aber er hatte die clevere Idee, an jeder Spielstätte den lokalen Kinderchor auf die Bühne zu holen. Weniger aus Kinderliebe oder weil ihn die musikalische Qualität von Provinz-Kinderchören so sehr überzeugte, sondern weil sämtliche Verwandte der Kinder ein Ticket für die Show kauften und so dem Ivan die Hütte füllten. Ich sang damals neben der Schule im Kinderchor Spiez, Rebroff plante einen Auftritt im großen Konzertsaal, und zack, waren wir engagiert. Ab September übten wir drei Monate lang «O Tannenbaum», «Es ist ein Ros entsprungen» und, als besinnlicher Höhepunkt, «Stille Nacht». Dort wurden ich und meine Harfe eingebaut, quasi als Special Effect. Ich übte «Stille Nacht» jeden Tag auf der Harfe, sehr gewissenhaft, denn ich wusste nicht, wovor ich mich mehr fürchtete: einen Russen zu verärgern oder meine Großmutter zu enttäuschen, die bei der bloßen Ankündigung meines Auftritts mit Ivan in Tränen ausgebrochen war und sämtlichen Verwandten und Freundinnen ein Ticket gekauft hatte.

Dann war er da, der große Tag. Wir Kinder wurden in eine Garderobe des Konzertsaals verfrachtet, warteten ungeduldig und fragten uns, wie er wohl aussah, der Ivan. Keiner von uns hatte je einen Russen gesehen. Ob er einen Bären dabeihatte, oder gar ein Gewehr? Sprachen nicht unsere Großväter immer mit großer Sorge davon, was passieren würde, wenn «plötzlich der Russe vor der Türe steht»? Dann klopfte es an die Tür. Aufgeregt sprangen wir von den Bänken. Ein riesiger Mann trat ein, und uns blieb der Mund offen: Der Russe trug einen Vollbart und eine königsblaue Tunika mit goldenem Mantel. Wahrscheinlich wegen der Kälte in Sibirien. Ein bisschen sah er aus wie der Nikolaus. Oder war er am Ende der liebe Gott persönlich? Jetzt öffnete Ivan in seiner ganzen Zwei-Meter-Herrlichkeit den Mund und dankte uns mit sonorer

Stimme und in perfektem Deutsch für unser Mitwirken. Ich war absolut hin und weg, und die Verzauberung hielt an, bis auf die Bühne.

Wie in Trance setzte ich mich hinter die Harfe und verpasste prompt den Einsatz. Ebenso in der zweiten Strophe. Ich starrte nur Ivan an und dachte: «Das ist das Geilste, was ich in meinem ganzen Leben gesehen habe.» Ich erwischte keinen Ton, «Stille Nacht» war nie stiller. Glücklicherweise war das egal, denn meine Harfe war mit keinerlei Tonabnehmer ausgestattet, und mein Geklimper wäre im Getöse eines dreißigköpfigen Chores, Rebroffs Röhre und zweitausend frenetischer Großmütter im Saal sowieso untergegangen. Ich tat einfach so, als würde ich emsig die Saiten zupfen, gab dabei den kleinen Engel an der Harfe und lernte die erste und wichtigste Lektion fürs Showgeschäft: Hauptsache, es sieht gut aus.

Nach dem Auftritt nahmen uns Großtanten und Großmütter in Empfang und überschütteten uns mit Schokolade und nassen Küssen. Rebroff verschwand gleich nach dem Auftritt wieder nach Sibirien oder so, aber ein paar Wochen später schickte er noch einen Stapel Autogrammkarten. Bis heute überkommt mich eine warme Verzückung, wenn ich «Stille Nacht» höre. The first cut is eben the deepest. Ich habe nie jemandem verraten, dass ich nur so tat, als würde ich Harfe spielen. Aber Ivan Rebroff tat ja auch nur so, als sei er Russe.

Auch wenn wir nicht gerade Harfen oder Skier transportierten, war das kindliche Zugfahren aufregend genug. Bereits als Knirpse konnten wir an der Welt der Erwachsenen schnuppern. Und das wortwörtlich. Das Raucherabteil war faszinierend und verrucht. Und weil es darin immer mehr freie Plätze gab als in den Nicht-raucherabteilen, setzten wir uns abends zu Stoßzeiten dort hin. Wer jemals Ende der Neunzigerjahre in einem Raucherabteil saß, der erinnert sich daran. Durch die Wagen mit den roten Ledersitzen waberte mehr Rauch als um die Gipfel der Dreitausender im Berner Oberland an einem nebligen Novembertag. Als Asthmatikerkind hustete ich schon beim Öffnen der Türe. Trotzdem liebte ich die Raucherwagen. Sie waren eine Verheißung auf das Erwachsenenleben. Die Azubis aus Spiez ließen am Feierabend dort die Bierdosen zischen und die Joints kreisen, und die ausgelassene Stimmung war irgendwie ansteckend.

Zu Hause stanken wir wie Räucherwürste und waren wahrscheinlich kontaktstoned, aber wie gesagt, die Welt war damals weniger gefährlich, und unsere Eltern kümmerte so was wenig. Heute sind die roten Raucherabteile verschwunden. Und natürlich ist es schön, dass man nach einer Zugfahrt zu Stoßzeiten, wo man nur noch im Raucherwagen Platz findet, nicht alle Kleider in die Waschmaschine werfen muss. Ich vermisse sie trotzdem irgendwie.

Wenn man siebzehn ist und in Thun wohnt, dann gibt es zwei Wege. Entweder man bleibt in Thun, baut sich ein Haus, pflanzt sich fort und versucht, ein bisschen zufrieden zu sein. Oder man kann das nicht, steigt in den nächsten Zug und fährt weg. Ich fuhr nach der Schule direkt in die Hauptstadt Bern. Getrieben von großen Träumen und fest entschlossen, Thun, der «Stadt der Alpen», im Volksmund gerne «Stadt der Alten» genannt, für immer den Rücken zu kehren. Viele vor mir haben genauso gefühlt. Wer aus Thun kommt, der hat der Welt etwas zu beweisen.

Es war der Hunger auf die Welt, der uns aus der Kleinstadt trieb: mich, Lukas Bärfuss und natürlich Hans. Hans hat ihn sogar zu seinem Lebensthema gemacht, den Hunger. Nur: Wir Thuner, wir können ihn nie stillen. Der Hans nicht, der Bärfuss nicht und ich auch nicht.

Weil in Thun alles so klein ist, suchen wir unser Leben lang das

Große. So auch Hans. In großen Fliegern reist er zu großen Männern und auch mal zu großen Diktatoren, um mit ihnen große Probleme zu besprechen. Denn wer aus Thun kommt, der versucht, diese Kleinheit abzuschütteln, und Hans, der hat Thun abgeschüttelt wie kein Zweiter.

Sein Vater Hans Robert Ziegler war Amtsrichter, also studierte Hans ebenfalls Rechtswissenschaften und hatte die besten Voraussetzungen, ein angesehener Thuner zu werden. Seinem Vater ins Amtsgericht zu folgen und genau das bisschen Bourgeoisie auszuleben, welches einem in Thun zugestanden wird, ohne dass es unanständig ist. Aber Hans ist ausgebrochen. Afrika war sein Erweckungserlebnis, da fand er seine Mission. Später in Paris traf er auf Sartre und Beauvoir. Das Leben an der Rive Gauche, das musste ihm, dem Thuner, großen Eindruck gemacht haben. Das pompöse, dekadente Leben der Salonintellektuellen, die ihre Meinungen in Fernsehsendungen landauf, landab kundtaten, die Zugehörigkeit zu einer mondänen Elite, die immer wieder Stoff für Romane und tragische Liebesaffären bot. Sartre und Beauvoir waren es, die ihn ermutigten, sich fortan «Jean» zu nennen. Als Professor in Genf und Paris, als Chauffeur von Che Guevara, als Freund von Kofi Annan und mit Gaddafi im Zelt, das war endlich seine Welt.

Mich zog es nicht bis nach Libyen. Bern reichte, zumindest eine Weile. Aber dann war der Thunerin die Schweiz doch zu klein, und es musste auch für mich größer sein.

Das gelobte Kabarett-Land, Deutschland, rief. Ich bestieg wieder mal den Zug. Dieses Mal mit einer Bahncard 50. Der Kondukteur hieß jetzt «Schaffner», das Billett «Fahrschein», das Perron «Bahnsteig». Und der Zug hieß «Bahn». Vieles hatte ich gehört über diese deutsche Bahn. Sie sei unpünktlich und überfüllt. Ich machte mich also auf das Schlimmste gefasst. Und wurde enttäuscht, im positiven Sinne: In sieben Jahren ständig auf Achse im Nachbarland habe ich nur zweimal richtig große Verspätungen erlebt. Außerdem einen Zugausfall und ungefähr viermal eine geänderte Wagenkomposition, die meinen reservierten Sitzplatz obsolet machte. Dafür habe ich zwei Dinge gelernt von meinen deutschen Mitreisenden.

Erstens: Gelassenheit. Wenn ein Zug um 14:05:00 Uhr fährt, dann gibt es in einem Schweizer Zugabteil spätestens ab 14:04: 49 Uhr besorgte Blicke auf die Uhr. Stirnen werden präventiv in Falten gelegt, und spätestens um 14:04:59 Uhr sagt jemand halblaut: «Sooo.» Das ist Schweizerdeutsch für: «Jetzt sollte der Zug verdammt noch mal Anstalten machen abzufahren. Warum höre ich noch keine schließenden Türen, pennen die eigentlich im Führerstand oder was?» In Deutschland wird um 14:06:00 Uhr die Zeitung aufgeschlagen und erst mal eine Runde gelesen. Mit einem wissenden Lächeln auf den Lippen. Mehr «Zen» geht nicht.

Zweitens: Geselligkeit. Deutsche sind gesellige Menschen – und, nein, nicht nur die Rheinländer. Wenn sich Deutsche im Ausland treffen, dann freuen sie sich. Sie gehen offen aufeinander zu, fragen sich, woher sie kommen, wie ihnen der Urlaub gefällt und was sie heute Abend unternehmen. Wenn sich im Ausland Schweizer treffen, verstummen sie sofort, in der Hoffnung, die anderen würden nicht merken, dass sie dieselbe Sprache sprechen. Sie krümmen sich zusammen, wie Aurel unter seinem Cello. Im Zug ist es ähnlich. Wenn sie einen Schweizer im Zug ansprechen, reagiert er, als hätten sie ihn bei außerehelichen Frivolitäten erwischt. Ertappt und schockiert, erstarrt er. Zu Beginn war ich komplett überfordert, ständig von meinen Sitznachbaren im Zug angesprochen zu werden. Ich dachte, eine aufgeschlagene NZZ und meine Kopfhörer (Bose QC35 II, over ear, super Noise-Cancelling) würden eine deutliche Sprache sprechen. Meine Gegenüber schreckten sie aber nicht ab. Fröhlich sprachen sie mich an und plauderten über ihre Reisepläne. Irgendwann gewöhnte ich mich daran und lernte diese Plaudereien im Zug schätzen.

Der Hunger allerdings blieb. Nicht weil Deutschland zu wenig große, weite Welt wäre, sondern weil das kulinarische Angebot an deutschen Bahnhöfen so schrecklich ist. Nirgendwo eine frische Frucht oder etwas, das nicht in Plastik eingeschweißt zwei Jahre haltbar ist. Nur Brot, Teig, Zucker und nochmals eingeschweißter Teig. Jean Ziegler hatte im Zelt bei Gaddafi immerhin ein Buffet. Aber das Leben im Zug geht weiter – wünschen Sie mir gute Fahrt.

Dietmar Wischmeyer
Mit der Eisenbahn durch die Zeiten

Zukunft: In den schönsten Farben

Die Deutsche Bahn gilt zu Recht als Symbol für alles, was in Deutschland richtig prima läuft. Das selbst ernannte «Unternehmen Zukunft» hat sogar die Antwort auf den Klimawandel gefunden. Auf der Strecke Hannover–Würzburg wurden die Schienen weiß eingefärbt, vorerst allerdings nur auf einer Länge von einem Kilometer. Man hofft, dadurch an heißen Tagen die Schienentemperatur um bis zu sieben Grad zu senken. Der eine Kilometer Gleis steht beispielhaft für einen Ausweg aus der Erderwärmung. Würde man – jetzt einfach mal groß gedacht – den ganzen Planeten weiß anpinseln, dann wären die befürchteten zwei Grad Temperaturanstieg leicht in den Griff zu bekommen. Wenn erst ganze Autobahnen in jungfräulichem Weiß erstrahlen, reflektieren sie so viel des schädlichen Sonnenlichts, dass wir wieder reinen Gewissens mit schneeweißen S U Vs auf ihnen herumfahren dürften.

Durch den mutigen Feldversuch der Bahn wissen wir auch endlich, warum es überhaupt immer wärmer wird. Weil im Winter kein Schnee liegt und die Wärme reflektiert, steigt im Jahresmittel die Temperatur. Warum allerdings die schneeweiße Arktis abschmilzt, darauf hat die Deutsche Bahn bisher noch keine Antwort gefunden. Vielleicht hülfe es ein wenig, alle deutschen Hausdächer weiß überzujauchen, um die Polkappen zu retten.

So viel allerdings scheint schon jetzt sonnenklar: Trügen alle Menschen im Sommer eine weiße Mütze, ginge die Hitzköpfigkeit unter ihnen dramatisch zurück. Und würde auch der Bräutigam Weiß tragen bei der Hochzeit, näherte sich seine Lebenserwartung jener seiner Braut wieder an. Der deutsche Wald, seit Längerem größtes Sorgenkind des Klimawandels, sieht deshalb so erbärmlich aus, weil es immer weniger Vögel gibt, die ihre weißen Exkremente auf seine Blätter scheißen. Würden Bahnmitarbeiter versuchsweise einen Quadratkilometer Wald weiß überstreichen, vielleicht wäre damit der Dürresommer schon Schnee von gestern.

Die farbliche Neugestaltung des Gleiskörpers soll übrigens nicht die einzige Pinsellösung der Deutschen Bahn bleiben. An den ICE-Waggons hat man unlängst die rote Bordüre durch eine grüne ausgetauscht, um ökologischer zu erscheinen. Höhepunkt des farbenfrohen Neuanstrichs bei der Bahn wird die Umstellung der kompletten Fahrgastinformationen auf das Ampelsystem. Grün bedeutet: Richtig geraten, Sie und Ihre gewählte Zugverbindung werden innerhalb der nächsten Stunde aufeinandertreffen. Gelb heißt: Das Warten lohnt sich, demnächst kommt irgendein Zug nach irgendwo, mit etwas Glück wollen Sie auch dahin. Und Rot sagt dem Reisenden: Es fährt ein Zug nach Nirgendwo, nutzen Sie bitte den Schienenersatzverkehr mit Ihrem privaten Pkw.

Gegenwart: Im Taumel der Verkehrswende

Die mutigste Problemlösung für ein Problem, das es so gar nicht gibt, nennt sich «Deutschlandtakt». Links, zwo, drei, vier, dachte ich, wäre der Takt, nach dem Deutschland tickt. Ist aber nicht gemeint, sondern das Konzept eines abgestimmten Taktfahrplans bei der Deutschen Bahn. Und ich Trottel glaubte, der Fahrplan sei bisher auch schon abgestimmt gewesen. Der Fahrplan vielleicht, aber nicht der Zugverkehr. Muss man beim gleisgebundenen Pünktlichkeitsersatzverkehr umsteigen, hat man verloren. Statt aber das alte System so zu verbessern, dass der gültige Fahrplan funktioniert, wird ein ganz neuer entworfen mit Neubaustrecken, unterirdischen Bahnhöfen und digitalen Verspätungen. Es ist das alte Prinzip des Versagens: Wenn etwas nicht funktioniert, muss man mehr davon bauen.

Die schienengebundene Mobilität ist eine Erfindung aus dem 19. Jahrhundert, könnte also sein, dass dieses System an seinem natürlichen Ende angelangt ist und man sich besser von dem ganzen Eisengelumpe verabschiedet – solange der Schrottpreis noch so hoch ist. Die DB ist defizitär, will noch mehr Milliarden verbraten und frustet jeden, der bibbernd auf dem Bahnsteig steht. Schluss damit. Die Schienen werden abgebaut und gehen an den Schrotthändler, die Bahnhöfe werden Wohnungen, das Schotterbett wird asphaltiert, nur die Oberleitungen bleiben bestehen. Auf den geteerten ehemaligen Bahntrassen fahren Lkw mit Stromabnehmern, und die Autobahnen sind reserviert für Autos, wie ja das Wort «Autobahn» uns immer schon verhießen hatte. Keine Staus, keine kaputten Brücken, keine zugeparkten Rasthöfe. Lkws können autonom gelenkt werden, der Trucker kann sich in Ruhe seine Tütensuppe aufwärmen und fährt keinen Pkw vor ihm zu Klump.

Es ist eine radikale Verkehrswende mit menschlichem Antlitz. Das Allerschönste daran aber ist, wir haben uns von der alten Mobilitätsmumie aus dem 19. Jahrhundert befreit. Nur ein paar Nebenstrecken bleiben bestehen für Dampfloksonderfahrten als Erinnerung an eine Zeit, da die Eisenbahn noch Freude und Staunen verbreitet hat.

Ein wahrlich wegweisender Vorschlag, der keine Chance auf Verwirklichung hat, denn unsere Eisenbahn ist gar kein kaltes Stück Infrastruktur, sondern «pure Emotion», hätte man beim Fußball gesagt. Da wird völlig befreit von der geringsten Denksportübung seit Jahrzehnten etwa folgender Glaubenssatz deklamiert: «Güter gehören auf die Bahn.» Ach was! Die Stückgutabfertigung ist dort schon längst Geschichte, also diese Güter schon mal nicht. Massengüter etwa? Deren Zugbildung findet zum Beispiel auf dem riesigen Rangierbahnhof Maschen südlich von Hamburg statt, auf zweihundertvierzig Hektar und dreihundert Kilometern Gleisen werden hier Güterzüge für ganz Europa zusammengestellt – sogar irgendwie digital dabei beobachtet. Praktisch läuft das dann aber so ab: DB-Cargo-Mitarbeiter krabbeln zwischen den Waggons herum, kuppeln die Güterwagen zusammen und verschrauben die Bremsleitungen miteinander. Während beim Lastwagenverkehr demnächst autonome Lkw durch Europa brummen, ist beim Schienengüterverkehr der Kupplungsvorgang der Waggons wie vor über hundert Jahren Handarbeit. Neuerdings sollen sich beim «Unternehmen Paläozän» allerdings automatische Kupplungen in einer Probephase befinden. Nur zur Erinnerung: Der Hersteller Ringfeder aus Krefeld hat für die Eisenbahn bereits 1923 ein System des automatischen selbstschließenden Kupplungsvorgangs zum Patent angemeldet.

Das andere «Zukunftssystem» ist die Schnellumschlaganlage «DB MegaHub Lehrte», dort werden Container mit Kranbrücken – natürlich voll digital – von einem Zug auf einen anderen umgeladen, ohne dass die orangenen Männchen zwischen den Waggons rumkriechen müssen. Dadurch sollen «250 000 Lastwagenfahrten jährlich eingespart werden», heißt es in der DB-Jubelpresse. Das klingt prima, aber wie viel zusätzliche Güterzüge bedeutet das und wo sollen die herfahren? Schon jetzt ist das Schienennetz der DB überlastet und die Blockdichte, das heißt Abfolge der einzelnen Züge, kaum zu erhöhen. In Deutschland fahren anders etwa als in Frankreich Hochgeschwindigkeitspersonenzüge auf demselben Gleiskörper wie der Güterverkehr. Die Folge sind Unpünktlichkeit bei den einen und Verlegung des Güterverkehrs in die Nacht. Wer in einem Talkessel wohnt, durch den des Nachts die Waggons mit der Schallschutztechnik aus dem 19. Jahrhundert rumpeln, der wird sich kaum mehr Güter auf die Bahn wünschen.

Sicherlich, vom Prinzip her ist die Bahn weniger umweltbelastend als der Lkw-Verkehr, allerdings schert sich die Realität nicht viel ums Prinzip. Weder kommt der Bahnstrom nur aus erneuerbaren Energien, noch erschöpft sich der ökologische Fußabdruck der Eisenbahn allein im zurückgelegten Tonnagetransportkilometer. Ganz abgesehen davon haben auch immer weniger Firmen überhaupt einen Gleisanschluss, die erste und die letzte Meile fährt immer der Lkw, das heißt zweimal Güterumschlag, und den gibt's auch nicht für einen Gotteslohn.

Doch Schluss mit dem Gebarme über die Illusionen beim Warenverkehr auf der Schiene. Die Schnittstelle der allermeisten Menschen mit unserer Eisenbahn ist der Personenverkehr, und da sieht's leider auch nicht besser aus.

Es beginnt schon mit dem Empfangsgebäude. In der Fläche verrotten die zum Teil sogar denkmalgeschützten Bahnhöfe, falls sie nicht schon längst durch ein Wartehäuschen aus Faserzement ersetzt wurden. In den Metropolen wurden aus den Kathedralen der Gründerzeit «rauchfreie Einkaufsbahnhöfe», Shoppingmalls mit Gleisanschluss. Hier findet ein schlecht Ernährter alles, was er zum täglichen Leben braucht. Daneben offerieren Shops alle Arten überflüssigen Tands, in denen man beim besten Willen keinen Reisebedarf erkennen kann. Der einzig seriöse Laden ist die Bahnhofsbuchhandlung mit einer beeindruckenden Auswahl an Magazinen und internationaler Presse. Ansonsten ködert der Einkaufsbahnhof mit seiner Schnellfraßgastronomie vorwiegend zwielichtige Gestalten mit Tagesfreizeit. Mindestens die Hälfte der Menschen im Gebäude wollen gar nicht verreisen, sondern lungern nur herum oder nutzen den Bahnhof als Durchgang auf dem Heimweg. Fahrkartenschalter gibt es schon lange nicht mehr, dafür ein «Reisezentrum», in dem nur zwei von zehn Schaltern besetzt sind. Tickets kann man theoretisch auch am Automaten erwerben, bringt man die Geduld auf, sich durch die Menü-Abfrage zu kämpfen mit Punkten wie «Supersparpreis mit Fahrradkarte zweiter Klasse gültig nicht in ICE während der Tagesrandzeiten, drücken Sie auf JA», und da hat man schon vergessen, wohin die Reise überhaupt gehen soll.

Ist man dem Gewimmel entronnen und hat den zugigen Perron erreicht, fallen einem zuerst die gelb abgekreideten Quadrate ins Auge, dort darf man rauchen. Bei den örtlichen Windverhältnissen ein ehrgeiziges Unterfangen, zum Schutz vorm Passivrauchen. Was nun folgt, ist nicht etwa die planmäßige Einfahrt des avisierten Verkehrsmittels, sondern unterschiedliche Laufschriften auf der Anzeigetafel. Standardmäßig erscheint «Voraussichtlich 5 Minuten Verspätung», was sich sukzessive in Fünferschritten erhöht. Vorsicht bei folgender Durchsage: «Die Einfahrt des Zuges verzögert sich um dreißig Minuten.» Wer denkt, er könne die Zwischenzeit für einen Kaffee nutzen, hat womöglich mit Zitronen gehandelt. Kehrt er nach neunundzwanzig Minuten an Gleis 14 zurück, hört er vom DB-Lurch, dass der ICE «nahezu planmäßig» vor zwanzig Minuten abgefahren sei. Ätsch! Es hieß ja auch «Einfahrt» und nicht «Abfahrt», davon hätte man den «technischen Aufenthalt» abziehen müssen, und schwuppdiwupp sei man wieder fast im Plan.

Über die blumige Entschuldigungsprosa, mit der die DB ihre Unzuverlässigkeit umgarnt, ist schon viel geschrieben worden, und sie wäre eines eigenen Lexikons wert. «Aufgrund eines Problems mit einer Signalanlage entfällt der Zughalt in Hamm – bitte benutzen Sie für Ihren Ausstieg einen anderen Bahnhof.» Ach so, ich hatte auch nicht vor, in Hamm aus dem fahrenden Zug zu springen, andererseits wüsste ich gern, wie ich denn auf andere Weise den auf meinem Ticket vermerkten Zielbahnhof erreiche. «Tssänkju for schuusing Deutsche Bahn!» Ja, danke auch! «Eine

Durchsage für alle Reisenden in Richtung Hannover: Im ICE sind die Zugtoiletten ausgefallen, der Zug hält deshalb außerplanmäßig an jedem zweiten Bahnhof für einen Toilettengang im Bahnhofsgebäude. Alle Anschlusszüge in Hannover können leider nicht erreicht werden.» Das klingt absurd, wurde aber selbst erlebt.

Vergangenheit: Nachruf auf die Herrentoilette im Hauptbahnhof Hannover

Mit einem nostalgischen Rückblick auf den rückwärtigen Service möchte ich meinen kleinen Exkurs rund um unsere Eisenbahn beschließen.

Wenn der Reisende aus Seelze oder Peine kommend zum ersten Mal mit dem Hauptbahnhof Hannover'schen Boden betrat, umwehte ihn sofort der verruchte Brodem der Metropole. «Hier», dachte er, «hat Fritze Haarmann sein Mittagessen angesprochen.» «HAM HAM», dräute aus der finstersten Ecke des Gebäudes eine Reklametafel und gemahnte an den berühmten Anthropophagen von der Leine. Durchmaß der Reisende die große Wandelhalle unter den Gleisen, stieß er immer wieder auf Schächte, die den Blick freigaben in die Unterwelt des Bahnhofs. Drunten in der Passerelle wimmelten die lichtscheuen Morlocks hin und her, verkauften Käseecken oder Heroin – je nach Tageszeit.

Eine Etage höher atmete der riesige Schlund Menschen ein und aus: Pendler aus dem Deister stolperten schlaftrunken ihren Minijobs entgegen, Fahrschüler schubsten sich zum Ausgang. Dazwischen immer wieder Braunschweiger, Kalmücken, finster dreinblickende Leute aus der Börde und bepackte Mütterchen aus den südlichen Mittelgebirgen. Der Hauptbahnhof Hannover verwirbelte sie alle zu einem bunten Völkergemisch. Hier, so

erschien es dem staunenden Reisenden, ist der westliche End-
punkt der Transsibirischen Eisenbahn.

Bestärkt wurde der Reisende in dieser Auffassung, wenn er
männlich war und ihn eine volle Blase peinigte. Vergeblich suchte
der Blick nach den schon damals DB-üblichen «Reisefrisch-
centern» oder «Mac Pinkel» und blieb schließlich haften an der
guten alten Vignette, die den Mann mit den gespreizten Beinen
zeigt. Hier in Hannover arbeitete eine der letzten großen Herren-
toiletten dieser Republik.

Da gab es keine Schranke, die den Notdürftigen mit der fiebri-
gen Suche nach einer passenden Münze belästigte, da stand – wie
es sich gehört – eine Blechschachtel auf einem wackligen Stuhl.
Das Herzstück der Anlage war eine Krypta, die allein dem Urin
geweiht war. Er bestimmte die Kopfnote des Geruchs, unterfüt-
tert lediglich von einer olfaktorischen Basis hellgrüner Chemie-
düfte. Schritt der Urineur dann zum Eigentlichen, erwartete ihn
eine Wand weißer Porzellanmenhire, die in nüchterner Strenge
von einer längst versunkenen Kultur dort aufgestellt wurden. Da
behinderte keine verschämte Sichtblende den Blick aufs schrün-
dige Genital des Nachbarn. Wer hier blankzog, konnte nichts
verbergen. Da wurde auch nicht in stetem Drang nach fortschrei-
tender Individualisierung unserer Gesellschaft in solipsistische
Becken gepinkelt, nix da: Alle strullten in dieselbe Rinne. Hier
galt der König nicht mehr als der Bettler. Und alle, die da ihr Wasser abschlugen, taten dies in dem Gefühl, an einem gemeinsamen
Projekt beteiligt zu sein. Facharbeiter oder Bankier, Arbeitsloser
oder Punk, ihrer aller Harn vereinigte sich am Boden zum großen
gelben Fluss, zum Jangtsekiang, der die weiße Halle im Norden
durchströmte.

Für rückwärtige Bedürfnisse standen im selben Raum zahllose
Einzelkabinen bereit. Hier konnte der müde Wanderer einen
Moment von der Hast der Metropole ausspannen. Den Zugang

zu den Séparées regelte auch hier keine kalte Automatik, sondern auf Anfrage schloss der Wärter eine der Zellen auf. Gegen ein geringes Entgelt erhielt man von ihm auch Handtuch und Seife und wurde in den Gebrauch des Waschbeckens unterwiesen. Es war vor allem dieses Fachpersonal, das den Zauber der ganzen Anlage ausmachte: hutzelige Männer in den besten Jahren, die vor nichts Angst hatten, hauptsächlich nicht vorm Lungenkrebs. Sie saßen da und rauchten und husteten und rauchten. Bisweilen öffneten sie eine Zelle oder feudelten durchs Revier, doch dann saßen sie wieder da und rauchten und husteten und rauchten.

Manchmal stellte sich auch Besuch ein: andere rauchende Männer, die in der Eingangsschleuse des Sanktuariums Bierdosen ausschlabberten. Praktischerweise war der Toilettenanlage ein Kiosk angegliedert, der die wichtigen Dinge des Lebens an Ort und Stelle feilbot. Doch irgendwann war die vollste Blase leer, und der Reisende musste die verzauberte Stätte zurücklassen. Voller Wehmut blickte er auf die rauchenden Männer und ahnte, dass auch dieser mystische Ort schon bald wie in anderen Städten auch von einer antiseptischen Anlage hinweggefegt würde. Mit der alten Herrentoilette verlor Hannover eines seiner großen Denkmäler.

Sieht so die Zukunft aus?

Der Praxis-Test

Helene Bockhorst
Schaden in der Oberleitung

Neulich wurde mir auf Twitter eine Werbeanzeige der Deutschen Bahn eingeblendet:

«Du bist genervt vom Video-Call-Marathon? Echte Verbindungen sind besser fürs Geschäft. Und für Dich. Zeit, Deine Geschäftspartner:innen persönlich zu treffen.»

Mein linkes Auge begann zu zucken, und in meiner Mundhöhle bildete sich Schaum, während vor meinem inneren Auge Szenen aus der Vergangenheit flackerten.

April 2019.

Seit einiger Zeit war ich stolze Besitzerin einer Bahncard 100, sodass ich keine Einzelfahrkarten mehr kaufen musste und theoretisch jeden Zug nutzen konnte. Ich suchte mir also frohen Mutes eine Zugverbindung raus. Daraufhin erschien allerdings der Hinweis, dass in der 2. Klasse alle Sitzplätze belegt seien und man einen anderen Zug wählen oder 1. Klasse fahren solle. In meiner grenzenlosen Naivität dachte ich, da löse ich doch mal schön meine Bonuspunkte ein für ein Upgrade in die 1. Klasse!

Leider musste ich feststellen, dass ich in der Bahn-App keine Bonuspunkte einlösen konnte. Ich schälte mich also aus dem Bett und holte meinen Läppi. Im Bonuspunkte-Shop wählte ich das Upgrade in die 1. Klasse aus. Doch halt! Ich konnte nicht auschecken, ohne eine Fahrt in der 2. Klasse zu buchen. Denn in der Logik der Deutschen Bahn braucht man erst mal ein Ticket der 2. Klasse, um ein Upgrade in die erste zu lösen. Ich brauchte aber kein verficktes Zweite-Klasse-Ticket, ich hatte über viertausend Euro für meine Bahncard 100 bezahlt!

Das gab ich auch im Buchungsformular an, in der Hoffnung, dann ohne Ticket weitergeleitet zu werden, aber es nützte nichts. Ich kam nicht weiter, ohne ein Ticket zu kaufen. Also entschied ich mich schweren Herzens dafür, denn es war ja immer noch billiger als ein Ticket erster Klasse. Ich wollte also ein Zweite-Klasse-Ticket kaufen, das ich eigentlich gar nicht brauchte, damit ich meine Bonuspunkte einlösen konnte für ein Upgrade in die 1. Klasse.

Aber OMG: Auch das ging nicht! Denn: Da war wieder die Fehlermeldung, dass in der 2. Klasse alle Sitzplätze reserviert seien und ich einen anderen Zug wählen oder 1. Klasse fahren solle. Ja, ratet mal, dachte ich, was ich seit einer halben Stunde versuche!!!

Als ich einem Freund mein Leid klagte, schlug er vor, ich solle mit meinen Bonuspunkten statt eines Upgrades in die 1. Klasse eine Freifahrt erster Klasse lösen. Das koste zwar dreimal so viele Bonuspunkte, gehe aber eventuell einfacher.

Als ich die Prämie auswählte und eingab, dass ich eine Bahncard habe, kam eine Fehlermeldung. Erst als ich behauptete, keine Bahncard zu haben, konnte ich die Prämie lösen. Witzigerweise sind Prämien ohne Bahncard gar nicht gültig, aber das waren Details, über die ich mir nun keine Gedanken mehr machte.

Gut gelaunt und dankbar, dass ich tatsächlich mitfahren durfte, saß ich am Ende im völlig überfüllten Zug. In der 1. Klasse, zwischen Candy Crush spielenden Männern in teuren Anzügen.

Als der Schaffner sah, dass ich meine Freifahrt erster Klasse mit Bonuspunkten bezahlt hatte, wollte er die dazugehörige Bahncard sehen.

«Nanu, Sie haben ja eine Bahncard 100», wunderte er sich. «Sie wissen schon, dass Sie dann auch einfach nur ein Upgrade lösen könnten? Das kostet nur ein Drittel der Bonuspunkte!»

Unter meinem linken Auge zuckte es. Ich zischte: «Können – wir – bitte – einfach – nicht – darüber reden?»

Was blieb, war ein leer geräubertes Bonuspunkte-Konto und die Erkenntnis: Egal, wie viel Mühe meine Kollegen und ich uns geben – die Deutsche Bahn ist einfach der tighteste Player im Comedy Business!

Juni 2020.

Nach längerer pandemiebedingter Pause fuhr ich mal wieder mit dem Zug. Ich hatte extra den Ruhebereich gewählt und wollte ein paar organisatorische Dinge erledigen. In Frankfurt setzte sich eine Frau neben mich. Sie schrieb etwas auf ihrem Laptop, ich haute ebenfalls emsig in die Tasten, alle waren zufrieden.

Dann fing sie an zu telefonieren.

«ICH BIN IM ZUG! WAS? JA! IM ZUG! MEHRERE STUNDEN, JA. ICH NEHME MIR IMMER WAS ZU ARBEITEN MIT, UND DANN SETZE ICH MICH IN DEN RUHEBEREICH UND ARBEITE DAS AB! VIELE LEUTE SAGEN JA, SIE KÖNNEN SICH IM ZUG ÜBERHAUPT NICHT KONZENTRIEREN! KEINE AHNUNG, BEI MIR KLAPPT DAS SUPER!»

«What you get is what you see» – diese Regel wird bei der Deutschen Bahn nicht nur im Ruhebereich gebrochen. Generell kann man davon ausgehen, dass Schilder und Bezeichnungen unzutreffend sind, das beginnt bei Euphemismen wie «Komfort Check-in» (man «darf» sein Ticket selbst kontrollieren, nur um im weiteren Verlauf der Fahrt noch etliche Male vom Zugpersonal wachgerüttelt und erneut kontrolliert zu werden) und endet bei «Wagenreihung» und «Ankunftszeit». Aber in wohl keinem anderen Bereich wird das Prinzip dermaßen ad absurdum geführt wie in der Bordgastronomie.

Oktober 2019.

Im Bordbistro der Deutschen Bahn hing ein großes Plakat mit einem appetitlich aussehenden Foto. «Probieren Sie unseren Salat mit Hirtenkäse und Roter Bete!», stand da. Das musste man mir nicht zweimal sagen.

«Eine Frage zu dem Salat, ist der ohne Croûtons?», fragte ich.

Der Mann im Bordbistro holte umständlich das Verzeichnis der Allergene und Zusatzstoffe hervor und schaute nach.

«Ja!», sagte er irgendwann. «Der Salat ist ohne Croûtons.»

Mir lief schon das Wasser im Munde zusammen. «Cool, dann hätte ich gerne einen!»

«Der ist aber auch ohne Hirtenkäse. Und ohne Rote Bete. Und ohne Salat. Wir haben nämlich keinen Salat.»

«Okay, dann hätte ich gerne die Currywurst!»

«Haben wir auch nicht!»

«Das Chili con Carne?»

«Auch nicht.»

«Pommes?»

«Nee.»

«Haben Sie * irgendetwas* zu essen?»

«Nein.»

«Dann bitte einen Kaffee.»

«Nur kalte Getränke!»

Und ich fand es überhaupt nicht schlimm, dass ich nichts zu essen hatte. Schlimm fand ich, dass es so lange gedauert hatte, das herauszufinden!

Was lernen wir aus dieser Geschichte? Es ist kein Problem, wenn man wenig zu bieten hat, man sollte es nur ehrlich sagen!

Insofern muss ich den Schaffner loben, der mir transparenterweise bei der Bestellung eines Kaffees in einem IC sofort sagte: «Davon kann ich Ihnen nur abraten. Das ist nicht so, wie Sie es sich jetzt vorstellen.»

Töricht, wie ich war, bestand ich darauf, meine eigenen Erfahrungen zu machen. Leider ein riesengroßer Fehler. Man erhielt nämlich, wenn man in diesem IC am Arsch der Welt einen Kaffee bestellte, gar keinen Kaffee. Was man stattdessen in die Hand gedrückt bekam, war eine Monstrosität: ein siffiger Pappbecher, der mit einer düsteren Mischung aus Wasser und Kaffeepulver gefüllt war und auf dem sich eine Konstruktion namens «Superlid» befand. Ein Aufsatz, der mit einem dürftig befestigten Netzeinsatz versehen war, durch den der Kaffee gefiltert werden sollte. Das Problem war, dieses Netz hielt nur die groben Stücke der Wasser-Kaffeepulver-Suspension zurück, und auch nicht sehr lange, denn es war nicht dicht genug. Ebenfalls nicht dicht genug war konsequenterweise die Verbindung zwischen Superlid und Becher, und so tropfte es da gehörig durch, sodass jeder, der mal ein paar Sekunden lang unaufmerksam war, sich sofort seine schicke grüne Glitzerleggings einsaute.

Dass das Ding «Superlid» genannt wurde, fand ich sehr selbstbewusst. Wenn das ein «Superdeckel» ist, dann ist siebeneinhalb Stunden im Zug sitzen ein Supertag, eine Isomatte ist eine Supermatratze und ein löchriges Taschentuch ein Superfallschirm.

Aber was mich an der ganzen Sache am meisten schockierte: Mehrere Erwachsene hatten dieses Produkt MIT ABSICHT erfunden und hergestellt! Und dann waren sie zu einer Präsentation gegangen und hatten zu mehreren anderen Erwachsenen gesagt: «Von allen Bechern, die es auf der Welt gibt, ist dieser Becher in Kombination mit ‹Superlid› das Produkt der Wahl!», woraufhin alle meinten: «Das hört sich logisch an! Klar, man trinkt auf diese Weise eine Menge Kaffeesatz mit, und unten sifft es raus, aber das macht ja nichts. Es ist ja nicht so wichtig, ob ein Becher Flüssigkeiten halten kann.»

Und ja, ich weiß, das sind First World Problems, und die Kinder in Afrika wären froh, wenn sie Kaffee hätten, aber die Kinder in Afrika müssen auch nicht siebeneinhalb Stunden im Zug sitzen!

Das war aber bei Weitem noch nicht meine längste oder schlimmste Zugfahrt.

Januar 2018.

Am 18. Januar 2018 wollte ich mit dem Zug von Bielefeld nach Schweinfurt fahren, weil ich meine Tourplanung damals noch selber machte und in meiner grenzenlosen Einfältigkeit dachte, beides läge im Ruhrgebiet. «Schön, eine kleine Ruhrpott-Tour», dachte ich. «Ganz unkompliziert und fix kann ich da rübersteppen, das dauert sicher keine dreißig Minuten mit der Regionalbahn.»

Später fand ich heraus, dass es sich in Wahrheit um eine mehrstündige Zugfahrt handelte, was unter anderem damit zusammenhängt, dass weder Bielefeld noch Schweinfurt im Ruhrgebiet liegen. Und dann saß ich im Zug, und Orkan Friederike tobte durchs Land, und ich dachte: «Na ja, da unterhalb der Mitte von Deutschland scheint es ja irgendwie nicht so schlimm zu sein, jedenfalls echt blauer Himmel und so, top Reisewetter!»

Wie sich bald darauf herausstellte, waren meine meteorologischen Kenntnisse ungefähr so ausgeprägt wie meine Erdkunde-Skills, nämlich gar nicht. Auf einer Brücke zwischen Kassel und Fulda, quasi im Auge des Orkans, wurde der Stromabnehmer zerstört. Es ging weder vor noch zurück. Der Regen peitschte gegen die Fensterscheiben, die Stunden glitten dahin. Die ersten drei Stunden verbrachte ich noch damit, den Text für meine geplante Vorpremiere in Schweinfurt auswendig zu lernen. Die vierte und fünfte Stunde versuchte ich auf allen möglichen Wegen, den Veranstalter zu erreichen, damit er das Ding absagte. Die sechste Stunde starrte ich lethargisch ins Leere.

«Dies ist unsere letzte Durchsage», meldete sich der Zugführer. «In Kürze müssen wir die Stromversorgung ganz abschalten, um Batterie zu sparen. Auch die Toiletten werden dann nicht mehr funktionieren. Es wäre also gut, wenn Sie vorher alle noch mal ... nun ja.»

90 Prozent der Passagiere mussten plötzlich ganz dringend; lange Schlangen bildeten sich, nach wenigen Minuten stellte sich heraus, dass die Klospülungen bereits jetzt nicht mehr funktionierten. Auch der Öffnungsmechanismus der Schiebetüren zwischen den einzelnen Wagen ging nicht mehr. Wir bildeten Teams von vier Personen – eine schob den linken, eine den rechten Türflügel zur Seite, dann hielten die zwei anderen die Türen auf – und schlugen uns bis zum Bordbistro durch. Dort konnte man aber nichts kaufen, weil die Kasse Strom benötigte. Eine Frau brach in Tränen aus. Ich fühlte mich, als sei ich in einem Steven-Seagal-Film gelandet.

Als wir nach über sechs Stunden Wartezeit und einer Reisezeit von über zehn Stunden von einer inzwischen zu Hilfe geeilten Diesellok in den Fuldaer Bahnhof geschleppt wurden, gab es endlich wieder Strom. Und eine neue Durchsage:

«Der Zugverkehr ist bundesweit eingestellt worden. Grund hierfür ist ein Unwetter.»

Ach nee, dachte ich, das ist ja doll. Hatte man jetzt noch gar nicht mitbekommen.

Wir sollten in eigens bereitgestellten Hotelzügen übernachten. Wow, das klang richtig cool und aufregend. Ich stellte mir eine Mischung aus Orient-Express und «Grand Budapest Hotel» vor. Wie sich allerdings herausstellte, war «Hotelzug» der Euphemismus des Jahrhunderts. Es handelte sich um einen ganz normalen Zug, nur dass auf jedem Sitzplatz ein Duplo mit einem Deutsche-Bahn-Aufkleber lag.

Ich wollte schlafen, aber neben mir telefonierte ein Anzugtüp, der herablassende Blicke auf meine Leggings warf, mit einem Geschäftspartner.

«Was Matthias angeht», sagte der Anzugtüp, «ich habe da kein Mitleid. Sozialer Abstieg ist nichts, was einen einfach so trifft. Das hat immer was mit deinem Mindset und deiner Attitude zu tun!»

Ich räusperte mich unbehaglich. Der Gesprächspartner am anderen Ende schien dem Anzugtüpen zuzustimmen.

«Man muss sich halt entscheiden», sagte der Anzugtüp. «Entweder du bist jemand, der sich zwar 'ne Rolex kaufen kann, aber die bald wieder hergeben muss, weil es finanziell eng wird. Oder du bist jemand, der sich dafür entscheidet, den Erfolg festzuhalten! Die Möglichkeiten stehen doch jedem offen! Man muss nur wollen! Ich bin ja jemand, der sich entschieden hat, erfolgreich zu sein. Und darum klappt auch alles, was ich anpacke!»

In diesem Moment bekam ich auf Facebook die Nachricht, dass es in Fulda einen Poetry-Slam gab, der um acht Uhr anfing und bei dem eine Künstlerin fehlte, die wegen des Unwetters in Erfurt festsaß.

Ich schaute auf die Uhr, es war kurz vor acht. Sofort rief ich den Moderator an und fragte ihn, ob ich mitmachen könne.

«Meinetwegen, komm rum», sagte er.

Ich freute mich riesig. Endlich raus aus diesem schäbigen Zug.

«Darf ich mal fragen, was du da gerade organisiert hast?», fragte der Anzugmann, der sein neoliberales Geschwätz inzwischen beendet hatte.

«Klar», sagte ich. «Ich trete jetzt bei einer Veranstaltung auf, weil eine andere Künstlerin ausgefallen ist. Und danach kann ich dort übernachten. Also tschau, alles Gute noch!»

Der Anzugmann ließ seinen Blick über meine schäbige Ukulele gleiten, und ich sah, wie sich in seinem Gesicht die Erkenntnis abzeichnete, dass es Möglichkeiten gab, die eben nicht jedem offenstanden, ganz besonders nicht ihm, und dass es gerade niemanden interessierte, dass er sich dafür entschieden hatte, den Erfolg festzuhalten.

Und liebe Deutsche Bahn, auch wenn ich in diesem Moment wahre Genugtuung empfunden habe, möchte ich abschließend noch mal sagen: Wer auch immer euch den Floh ins Ohr gesetzt hat (oder meinetwegen «den Baum auf die Gleise geworfen», «die Störung ins Stellwerk gepflanzt» und «den Schaden in die Oberleitung gebritzelt» hat, um mal ein paar Bahn-Metaphern ins – langsame – Rennen zu schicken), es sei stressfreier, mit der Bahn zu fahren, als ein Video-Meeting abzuhalten, der hat wohl ein bisschen zu viel «Kaffee» aus dem Superlid genascht. In einem Video-Meeting wäre mir all das nämlich nicht passiert.

Johann König
Bahn fahren macht Spaß. Das muss man sich nur IMMER WIEDER sagen

Die Bahn fährt mal wieder im Nena-Style. Irgendwie, irgendwo, irgendwann. Diesen Schmunzelspruch bekommt man als Erstes vorgeschlagen, wenn man *Sprüche* und *Bahn* in die Suchmaschine eingibt. Es folgen unzählige Witze und Bonmots, die beweisen: Der Ruf der Bahn ist ruiniert. Dennoch bin ich überzeugter Anhänger der schienengeführten Mobilität. Aber warum?

Seit mittlerweile fünf Jahren bin ich nicht mehr geflogen. Das hätte ich früher nie für möglich gehalten. Dass ich mal eine so lange Zeit ausschließlich am Boden bleiben würde. Noch vor zehn Jahren war es für mich völlig selbstverständlich, zusammen mit einer Begleitperson meines Managements von Köln aus zu TV-Auftritten nach Hamburg, Berlin oder München zu düsen. Das schien standesgemäß zu sein. Fernsehen hieß Flugzeug. Das gehörte sich so und verkürzte die Fahrtzeit um ein bis zwei Stunden. Mit der Familie flogen wir wenigstens einmal im Jahr auf eine warme Insel. Nach Island zum Beispiel. Das verkürzte die Fahrtzeit gleich um mehrere Tage. Und heute?

Heute liegt unser Kerosinverbrauch bei 0. In Worten: null. Die Kinder wollen aus Umweltgründen nicht mehr fliegen. Das ist aus ihrer Sicht verständlich und vernünftig. Schließlich müssen sie es noch um einiges länger auf diesem Planeten aushalten als ich. Und vielleicht auch ein bisschen aus Solidarität tue ich es ihnen gleich. Meistens sitze ich im Auto, aber schätzungsweise ein Drittel meiner Strecken lege ich auf der Schiene zurück. Auf der Schiene! Ich finde, *die Schiene* allein ist schon ein Versprechen.

Zwei Eisenstränge – von größter Länge. Zwei Parallelen – keine Querelen. Kein Gegenverkehr, keine Kreuzungen, kein rechts vor links. Keine Fahrschule, keine Fußgänger, keine Vollidioten. Niemand, der einen Parkplatz sucht oder eine Hausnummer oder einen Briefkasten, vor dem er so hält, dass ich nicht vorbeikomme, und er nicht aussteigen muss, um den Brief einzuwerfen. Einfach nur mit Vollgas geradeaus. Aber ohne Spritverbrauch. Sondern mit Strom. Mit grünem Strom. Das ist das zweite Versprechen.

Das dritte Versprechen der Bahn ist die Pünktlichkeit. Punktgenaue Abfahrts- und Ankunftszeiten. 9.48 Uhr nach Berlin. 14.45 Uhr nach München. 17.09 Uhr nach Hamburg. Das bedeutet, Sie sind um 14.55 Uhr in der Hauptstadt. Um 19.27 in der Weißbiermetropole. Und um 21.14 Uhr in der Stadt mit der sündigen Meile. An den Flughäfen folgen die Startzeiten einem Fünf-Minuten-Takt. Bei der Bahn wird in jeder einzelnen Minute abgefahren und angekommen. Diese exakten Zeitpunkte sind die Schnittstellen eines fein abgestimmten Systems. Eines Systems, in dem ein Rädchen ins andere greift und dem sich der Fahrgast ehrfurchtsvoll, geordnet und diszipliniert zu unterwerfen hat, will er nicht selbst zum Sand im Getriebe werden.

So die Versprechen. In der Wirklichkeit ist Bahnfahren ein reines Lotteriegeschäft. Mein Eindruck ist, die vielversprechenden Zahlen werden alle zehn Minuten in die Luft geworfen und neu sortiert. Fahrpläne sind unverbindliche Abfahrtsempfehlungen mit Gleisvorschlag.

Aber das ist gut. Denn genau so hilft uns die Bahn. Sie hilft uns zu lernen. Wir lernen, uns auf neue Gegebenheiten einzustellen. Zu improvisieren. Eine der bedeutendsten Fähigkeiten des modernen Menschen.

Ich weiß auch nicht. Mir ist das Bahnfahren irgendwie generell sympathisch. Vielleicht deshalb, weil es dabei genauso zugeht wie bei mir. Im Fernverkehr hat die Bahn gerade eine Pünktlichkeit von unter 60 Prozent. Sechs von zehn Zügen sind verlässlich pünktlich. Rechtzeitig anzukommen ist absolute Glücksache. Gerade wenn man umsteigen muss, ist Bahnfahren ein reines Waggonspiel. Ein Vabanquespiel mit Waggons. Und genauso ist es auch bei mir. Bei mir privat. Bei sechs von zehn Treffen bin ich pünktlich. Darauf kann man sich verlassen.

Eine weitere Gemeinsamkeit zwischen uns ist diese oft … ja, fehlende Geschwindigkeit. Ich kann sehr gut sehr langsam sein. Aber auch nicht permanent.

Es ist eher das Wechselspiel, das mir Spaß macht. Genau wie im Zug. Der fährt fünfzehn Minuten lang mit 200 km/h, und dann fährt er dreißig Minuten lang ganz ohne km/h. Wie bei mir. Die Zeit der Erholung muss immer doppelt so lang sein wie die Zeit der Raserei. Sonst komme ich schlecht drauf.

Neulich auf dem Weg von Köln nach Berlin war es wieder so weit. Wir waren zwanzig Minuten lang durchgebrettert und warteten seit gut vierzig Minuten vor einem bockigen Signal. Mit Maske, Kopfhörer und Lesebrille saß ich da und spürte leichte Ungeduldssymptome aufkommen. Ein schwerer Seufzer ließ die Brille beschlagen. Dann nahm ich die Maske kurz ab und erspürte die Stimmung bei den maskierten Mitreisenden. Eigentlich stört mich die Maskenpflicht im Zug nicht. Viele empfinden sie ja als Gängelung. Fühlen sich in ihrer Freiheit eingeschränkt. Bei mir ist es eher umgekehrt. Ich fühle mich mit einer Maske freier als ohne. Mit dem Lappen im Gesicht fällt es mir zum Beispiel viel leichter, fremde Menschen anzulächeln. Dafür bin ich sonst viel zu gehemmt.

Ich denke auch über andere Dinge nach, wenn ich eine Maske trage. Vor Kurzem habe ich zum Beispiel viel an van Gogh gedacht. Ich dachte immer nur: van Gogh, van Gogh. Was würde van Gogh jetzt machen? So eine Maske hält doch mit nur einem Ohr gar nicht.

Kurios wird der Gebrauch der Maske, wenn man ins benachbarte Ausland fährt, wo ganz andere Gesetze gelten. Zu meinem Auftritt in Wien fuhr ich mit dem ICE über Nürnberg, Passau und Linz. In Österreich galt zu dem Zeitpunkt keine Maskenpflicht. Weil ich das wusste, nahm ich kurz hinter Passau den Stoffschutz ab und grinste arrogant ins Großraumabteil. Was ich allerdings nicht wusste: In der Hauptstadt der Schluchtenscheißer galt die Maskenpflicht weiterhin. Sobald der Zug das Wiener Stadtgebiet erreicht hatte, mussten sich wieder alle schützen. Und genau dieser Wechsel bewirkt, dass auch das Virus völlig aus der Bahn geworfen wird. So wie ich. Denn kurz vor Wien trafen mich plötzlich nicht nur vorwurfsvolle Blicke, sondern auch genuschelte Zurechtweisungen. Bis mir jemand freundlicherweise den kruden Sachverhalt erklärte. Wobei hier *freundlicherweise* nicht meint *in freundlicher Weise*. Sondern eher: Es war freundlich von ihm, das zu tun, die Art und Weise war aber abfälliger Schmäh. Abfällig gegenüber mir als regelunkundigem Piefke, abfällig gegenüber der *kraungen Regel* und ganz allgemein gegenüber der *gschissanan Wölt*.

Zurück im Zug nach Berlin.

Ich setzte die Maske wieder auf und streckte den Mitreisenden die Zunge raus. Dann kontrollierte ich mithilfe der Kamera meines Telefons, ob das auffällig oder bescheuert aussah. Tat es. Was konnte ich noch tun? Der Stillstand des Fortbewegungsmittels führte bei mir zum Stillstand der sinnvollen Tätigkeiten.

Wir standen zwischen Wolfsburg und Berlin-Spandau. Eine völlig sinnlose Gegend. Ich blickte aus dem Fenster. Der Wald schaute zurück und fragte: *Was stehst du hier rum? Fahr weiter oder komm rein.* Ich bekam große Lust auf einen Waldspaziergang. Aber die Türen waren fest verschlossen. Der rote Notfallhammer am Fenster zwinkerte mir zu und meinte: *Komm her. Komm her. Nimm mich. NIMM MICH. Nimm mich, schlag zu und renn los. Ich werde dich nicht verraten. Aber vorher ziehst du die Notbremse. Nur damit beweist du, dass du komplett dämlich bist, und bekommst später mildernde Umstände.*

Ich versuchte es mit Meditation. Rückwärtszählen in Dreierschritten. Mit geschlossenen Augen. Von elftausendeinhundertelf bis fünftausendirgendwas. Elftausendeinhundertelf, elftausendeinhundertacht. Elftausendeinhundertfünf. Elftausendeinhundert... Wie viel Verspätung hatten wir jetzt eigentlich? Musste ich schon die Produktion anrufen? Beziehungsweise meine Managerin? In welche Richtung fahren wir überhaupt? Ach ja. Ich war bisher rückwärtsgefahren. Einer alten Dame zuliebe. Die hatte gesagt, dass ihr rückwärts schlecht wird. Und hatte einigermaßen verzweifelt einen geradeaus fahrenden Tauschpartner gesucht. Ich hatte mich bereit erklärt und mich neben ihren Mann gesetzt. Die beiden waren aber dann in Bielefeld verschwunden oder ausgestiegen. Ich war einfach sitzen geblieben auf dem von mir nicht reservierten Platz, weil ich zu faul war, meinen ganzen Krempel umzupacken. Ich würde also weiter rückwärtsfahren. Dabei war Vorwärtsfahren definitiv besser. Weil man dabei mehr sieht. Besondere Gebäude, Straßenschluchten oder Flüsse erkennt man schon im Voraus und kann zum Zeitpunkt des Vorbeifahrens gezielt darauf schauen. Wer rückwärts über einen Fluss fährt, ist zu spät, um ihn einmal kurz in ganzer Länge zu betrachten. Von der großen Kirche sieht man nur die Rückseite. Und die breite Straße mit den Altbauten hat man komplett verpasst. Rückwärtsfahren ist wie Vergangenheitsfahren. Man sieht nur noch die Reste.

Plötzlich kam der Schaffner ins Abteil geschlurft, der sich bisher vermutlich versteckt hatte. Aber was soll's. Wenn ich den kontaktlosen *Komfort Check-in* benutze, dann beachte ich die Schaffner gar nicht. Weil das nicht mehr nötig ist. Sie sehen in ihrem Gerät, dass ich eingecheckt bin, und gehen einfach weiter. Ohne mich anzusprechen. Herrlich.

In diesem Fall aber war es anders. Mir war aggressiv langweilig. Und ich machte das, was ich sonst eher vermeide. Ich folgte meinem Impuls und sprach ihn direkt an: «Ah, Herr Schaffner. Na, beruflich hier?» Und als er ignorant und antwortlos an mir vorbeihuschen wollte, da packte ich ihn am Unterarm, zog ihn zu mir runter und flüsterte: «Ach, Schaffner, dieser kontaktlose Komfort Check-in, das ist 'ne feine Sache, oder? Dass man nicht mehr so eng in Kontakt ist mit den ganzen verseuchten Vollidioten. Hab doch recht, oder?» Abschließend wollte ich noch lässig in seine Armbeuge niesen, aber da fuhr der Zug plötzlich an, wurde schneller und schneller, die Leute schauten sich ungläubig um, fingen an zu klatschen, und es war eine Stimmung, als hätte jemand Toffifee ins Spiel gebracht.

Ja, so war das. Oder so ähnlich. Manchmal verschwimmen Realität und Erinnerung ja zu einem einzigen Brei.

Aber die Frage, ob der Schaffner beruflich hier ist, die finde ich gar nicht so dumm, wie sie zunächst scheint. Denn wenn man den Zukunftsforschern Glauben schenken mag, dann wird er schon bald durch einen Roboter ersetzt werden. Wegen der Digitalisierung. Und wegen der Schattenarbeiter, die sie hervorruft. Schattenarbeitern wie mir. Ich beschleunige diese Entwicklung. Ganz freiwillig.

Ich habe mir selbst eine Zugverbindung rausgesucht, mir das Ticket besorgt und auch noch den Check-in erledigt. Ich als Kunde habe also klassische Service-Arbeiten des Unternehmens übernommen. Einfach so. Das ist, als würde ich zu meinem Publikum sagen: *Ich mache gerne eine Show für euch, aber die Witze dafür müsst ihr selber schreiben, die Tickets holt ihr euch über meine Home-*

page, und außerdem müsst ihr damit rechnen, dass ich bei vier von zehn
Shows ordentlich zu spät komme. Viel Vergnügen.
Das würde doch nicht funktionieren. Aber hier funktioniert es.
Ich stelle dem gewinnorientierten Börsenunternehmen Deutsche Bahn AG meine Schattenarbeit unentgeltlich zur Verfügung. Damit erhöhe ich seinen Profit, weil so auf Dauer das Gehalt des Schaffners, der Schaffnerin und aller Schaffnernden eingespart wird. Was für ein Bahnsinn.
Die Bahn wirbt für den Komfort Check-in mit dem Slogan: *Einfach. Entspannt. Kontaktlos und gratis.*
Gratis! Dafür sollen wir auch noch dankbar sein. Dafür, dass wir das umsonst machen.
Verrückte Sache.

Aber ist es nicht so: Das Personal im Zug, das würde uns fehlen! Der Kontakt zum dunkelblau Uniformierten, das ist doch immer etwas ganz Besonderes. Wie oft habe ich schon den roten Notfallhammer von der Wand gerissen, bin in das Abteil des Schaffners gegangen und habe mit dem Kniesehnenreflex geprüft, ob noch Leben durch ihn fließt? Wie oft habe ich fahrkartenlos in einem alten IC gesessen und ein Katz-und-Maus-Spiel mit dem bemützten Beamten gespielt, immer mit der Prämisse, nie zu lange auf derselben Toilette auszuharren? Und wie oft habe ich dabei das schwarze Rädchen vom Seifenspender mit Hartseife gedreht, bis die Hand voll war mit kleinen weißen Seifespänen. Um dann den Knopf zu drücken mit dem Piktogramm, das zwei Hände abbildet. Um dann zu merken, dass die zwei Hände den Föhn symbolisieren. Und wie oft habe ich anschließend den Seifenspender abgeschraubt und ihn in den Rucksack gesteckt, um ihn zu Hause in die Küche zu hängen und ein schönes Stück Parmesan reinzustopfen? Wie oft? Ich weiß es nicht!

Aber jetzt. Alles wird kontaktlos. *Einfach. Entspannt. Kontaktlos und gratis.* So ist er, der Komfort Check-in. Kontaktlosigkeit wird als Komfort beschrieben. Es ist komfortabel, nicht nach der Fahrkarte gefragt zu werden. Komfortabel im Sinne von angenehm. Kontakt ist unangenehm. Ist lästig. Dabei ist doch der Kontakt das, was uns Menschen ausmacht. Was wir brauchen. Wir sind soziale Wesen. Ohne Kontakte gehen wir ein.

Soziale Kälte statt menschlicher Wärme? Ist das dein Ernst, Deutsche Bahn? Ist das die Zukunft des Bahnreisens?

Schon heute ist oft das Einzige, was im Zug noch warm ist, die Klobrille, auf die man sich setzt. Auf der vorher der Schaffner gesessen hat. Der sich dort versteckte. Um nicht angesprochen zu werden. Von so Idioten wie mir.

Wie auch immer. Ich bleibe dabei. Bahnfahren ist schön. Bahnfahren ist schön. Bahnfahren ist sehr, sehr schön. Das muss man sich einfach nur immer wieder sagen.

Die aufkeimende Melancholie entfachte den Wunsch, mich beim Zugbegleiter zu bedanken. Ich dachte, wer weiß, wie lange es ihn noch gibt. Wie lange es noch dauert, bis er durch einen Roboter ersetzt wird. Als er erneut an meinem Sitz vorbeikam, hielt ich ihn wieder am Arm fest. Er stand vor mir, ich saß, und wir schauten uns an. Regungs- und emotionslos. Ich wollte gerade zu sprechen beginnen, da öffnete sich seine Jacke in Bauchhöhe und ein Display erschien. Auf dem Bildschirm las ich die Aufforderung, alle Bilder anzutippen, auf denen kein Schiff zu sehen ist. Ich sollte beweisen, dass ich kein Roboter bin? Interessant. Wie paralysiert tippte ich immer und immer wieder auf alle Bilder, auf denen ein Schiff zu sehen war. Bis die Frage aufleuchtete, ob ich Interesse hätte, bei der Deutsche Bahn AG zu arbeiten.

Ich sitze im Gang,
fahre die Landschaft entlang,
und träume von lachenden Zeiten.

Der Raps ist gelb,
I need some help,
in diesen zerfahrenen Weiten.

Christine Prayon
Ri-Ra-Rutsch

Kurz vor Mannheim kommt mir endlich die zündende Idee, auf die ich seit Reisebeginn am Berliner Ostbahnhof warte.

Es ist nämlich so wie immer: Ich sitze im Zug, dem einzigen Ort, wo ich ohne Termine und Kind zum Arbeiten komme, 2. Klasse, Großraumabteil, Ruhebereich, Fensterplatz. Vor mir Papier und Kugelschreiber, in mir stundenlang gähnende Leere. Diesmal soll es ein Text über die Bahn werden, nach Möglichkeit humorvoll. Über die Bahn. Humorvoll.

Warum habe ich zugesagt? Das Geld war es nicht, so viel steht fest. Ich wusste, dass mein Stundenlohn erbärmlich ausfallen wird, wenn ich die Zeit mitzähle, in der ich, auf Eingebung wartend, aus dem Fenster oder auf meinen Schreibblock starre. (Kommt «Schreibblockade» eigentlich von «Schreibblock»? Hihi, der ist gut, vielleicht kann ich den irgendwo im Text einbauen.) Ich blättere in der «DB mobil», die in dem Netz auf der Sitzrückseite des Mitreisenden vor mir klemmt, doch auch das bringt erwartungsgemäß wenig Inspiration. Ein langes Interview mit einem bekannten Schauspieler, der gesteht, gerne Bahn zu fahren, gerne auch mal 2. Klasse, weil man da so wunderbar normale Menschen beobachten kann. Ein noch längeres Interview mit dem aktuellen Bahnchef, der sich immer – Zitat – «ganz nah am Kunden orientiert» und daher für eine «leistungsstarke» Bahn wirbt. Aha. Selbst das Suchbild auf der Seite für die Kinder bietet keine geistige Anregung. Die im bunten Bildgetümmel «versteckten» Tulpen sind sogar für eine Mittvierzigerin zu leicht zu finden. Es hilft nichts. Ich brauche Kaffee und Zucker.

Im Bordrestaurant erwachen bei Bordcappuccino und Bordbutterkuchen meine Lebensgeister. Leider setzt sich ein wunderbar normaler Mensch zu mir, der via Smartphone seine Frau (und mich) über die gesamte Chronologie seiner heutigen Reisemissgeschicke informiert: Bahnverspätungen, nicht angezeigte Platzreservierungen, defekte Toiletten, unfreundliches Zugpersonal, falsch angezeigte Gleise, Stromausfall, Stellwerkstörung, Personenschaden ... Zwischen «Stromausfall» und «Stellwerkstörung» stehe ich auf und kehre zu meinem Platz zurück, um den Rest des Butterkuchenglücks in mir vor dem aufsteigenden Gefühl der Genervtheit zu retten.

Frisch gedopt, hoffe ich nun auf Ideen für meinen Text über die Bahn ... Humorvoll ... Humorvoll ... Humor ... Und siehe da! Kurz vor Mannheim kommt die zündende Idee – und zwar, weil kurz vor Mannheim eine Durchsage kommt:

«Sehr verehrte Fahrgäste, aufgrund eines Böschungsbrands zwischen Rmpflingen und Fpshausen muss dieser Zug leider auf eine andere Strecke ausweichen. Wir werden Mannheim deshalb heute voraussichtlich mit einer Verspätung von zwei Tagen und drei Minuten erreichen. Wir bitten, die Unannehmlichkeiten zu entschuldigen.»

Ich denke, ich habe mich verhört, und muss lachen. Und endlich kommt die rettende Eingebung: Ich werde Humor und Inhalt meiner Auftragsarbeit einfach voneinander trennen! Das bewahrt mich davor, witzig über die Bahn schreiben zu müssen, was soll ich auch Witziges sagen, alles, was es über die Bahn zu sagen gibt, ist ein Trauerspiel, und daraus werde ich in diesem Text keinen Hehl machen. Ich werde vollkommen humorfrei kritisieren, wie abgewirtschaftet und runtergerockt die Deutsche Bahn ist. Und den gewünschten Witz liefere ich nebenbei einfach durch ein paar lustige Bahndurchsagen, mit denen ich den Text hie und da spicke. Ja, das ist gut. Das hat bestimmt noch keiner gemacht.

Dann natürlich die Triggerwarnung vorneweg nicht vergessen!
So was wie:

«Dieser Text enthält Aussagen über die Deutsche Bahn, die dem politisch-medial beförderten Narrativ von der real existierenden ‹guten Bahn› grundsätzlich widersprechen. Wenn Ihnen auch andere Narrative wie zum Beispiel ‹Angriffskriege führen nur die Russen, die NATO ist immer total lieb, und schuld an Corona ist die Tyrannei der Ungeimpften› gefallen, könnte der folgende Text Ihre Gefühle verletzen und möglicherweise zu Gesichtslähmung, Myokarditis, Hirnvenenthrombosen und in bedauerlichen Einzelfällen auch zu Hirntod bei lebendigem Leib durch eine maschinell-digital-industrielle Komplettverblödung führen, in sehr, sehr selten Fällen auch zu allem gleichzeitig, aber Sie können sich dagegen impfen lassen ...»

Sofort kriege ich Lust zu schreiben und zücke meinen Stift, da dröhnt es mir aus dem Lautsprecher über meinem Kopf entgegen: «Verehrte Fahrgäste, ich bitte um Ihre Aufmerksamkeit ...» – Nein, nicht jetzt! Keine Ablenkung bitte, ich muss mich jetzt wirklich konzentrieren, wo sind denn die Schaumstoffohrstöpsel? – «... aufgrund einer technischen Störung wird der Zug hier gleich außerplanmäßig zum Halten kommen ...» – Verdammt, IST DAS LAUT!!! Da sind sie ja, rein mit euch, schwuppschwupp, aaaaah, Gott sei Dank. Den Rest der Durchsage hören meine Ohren zwar noch gedämpft, aber mein Hirn ist schon mit wichtigeren Dingen beschäftigt – «... damit der Zugchef aussteigen und die Kopplung zwischen unseren beiden Zugteilen manuell reparieren kann. Unsere Fahrt verzögert sich dadurch um weitere Stunden.»

Beseelt beuge ich mich über meinen Block und lege los. Ich bin in meinem Element. Ihr wollt was über die Deutsche Bahn? Ha, kriegt ihr! Ich schreibe und schreibe und merke gar nicht, wie die Stunden vergehen. Ich schreibe darüber, dass es kein Wunder und kein Zufall ist, wenn Züge ausfallen, entgleisen oder ihre

Türen verlieren. Dass die Bahn deshalb so marode ist, weil lieber in sinnlose Großprojekte als in notwendige Wartungen und Reparaturen investiert wird. Über Stuttgart 21 schreibe ich, logo. Nur weil die großen Proteste gegen das Projekt vorbei sind und der durchaus noch vorhandene Widerstand öffentlich nicht wahrgenommen wird, heißt das schließlich nicht, dass die Sache weniger falsch ist. Man kann eigentlich nicht oft genug wiederholen, dass es bei Stuttgart 21 nie einfach nur um einen Bahnhof ging, sondern dass an diesem Projekt ein Exempel statuiert werden sollte. Merkel sagte damals, als der Protest für die Regierenden bedrohliche Ausmaße annahm: «Wenn Stuttgart 21 nicht kommt, ist Deutschland nicht mehr regierbar.» Das hat sich als richtig herausgestellt! Das muss man ihr schon lassen, denn waren es nicht sie und ihre Partei, welche seinerzeit zusammen mit der FDP, der SPD und – was viele nicht wissen oder bis heute nicht wahrhaben wollen – mit den Grünen … ja, ausgerechnet den Grünen! Ohne die das Ganze letztlich doch gescheitert wäre! Kaum vorstellbar, dass ohne die Baerbocks und Habecks von damals, ohne Winfried Kretschmann und Tübingens Oberbürgermeister Boris Palmer …

Moment mal, was macht der da eigentlich? Erst jetzt fällt mir auf, dass seit Stunden ein Mann mit einer Rohrzange in der Hand außen am Zug entlangläuft, hin und zurück, hin und zurück. Jetzt steigt er in den Zug ein, durchquert polternd unseren Wagen in Richtung Zugspitze, und kurz darauf setzt sich das Fahrzeug mit einem kräftigen Ruck in Bewegung.

Ich habe den Faden verloren und lese die letzten Sätze noch einmal durch. Merkel. Genau. Stuttgart 21 war und ist politisch gewollt, auch wenn es nach finanziellen, städteplanerischen, sicherheitstechnischen, ethischen, moralischen und rationalen Kriterien ein «falsches» Projekt ist. Deshalb kann es so viel kosten, wie es will, und es können so viele Fehler und Pannen und

Katastrophen passieren, wie sie wollen – dieses Projekt wird durchgezogen, selbst wenn herauskommt, dass die Bahn seit Jahren süße Katzenbabys als Treibstoff nutzt.

Ich schwitze. Das ist das Schreibfieber, denke ich. Regelrecht heißgeschrieben habe ich mich. Ich ziehe meinen Pullover aus und stelle fest, dass es kein Pullover ist. Ich hatte lediglich ein T-Shirt an und schaue mich erschrocken im Abteil um, ob jemand bemerkt hat, dass ich nur noch in BH und Hose dasitze. Es scheint niemanden zu interessieren. Auch die anderen Gäste sind alle nur noch mit Unterwäsche bekleidet. Der ältere Herr hinter mir sitzt sogar ganz nackt mit überkreuzten Beinen da, seine Kleider hat er sorgfältig gefaltet auf den Sitz neben sich gelegt.

Seltsam finde ich das. Ist das hier das Abteil der glühenden Schreiberlinge? Alles Kabarettisten und Kabarettistinnen unter Druck? Ohrstöpselgedämpft höre ich Fetzen einer Lautsprecherdurchsage: «Klimaanlage ... bitten um Entschuldigung ... Gratis-Kaltgetränk ...»

Egal. Wichtig ist, dass ich diesen Text jetzt fertigkriege – jetzt, wo es so gut läuft. Ich ziehe die Jeans aus, wische mir den Schweiß von der Stirn und versuche meinen Zorn darüber, dass die verdammte Bahn selbst angesichts des Klimawandels alles dafür tut, unattraktiv zu bleiben, in Worte zu fassen. Nein, das ist ungenau ... Es ist ja nicht die Bahn, die blöd ist ... Es ist die Bahnpolitik ... Es ist der Bullshit, der erzählt wird von Nachhaltigkeit und grünem Wachstum, und dann gibt es Tankrabatte für Autofahrer und Preissteigerungen für Bahntickets und ... Ach, das ist alles so verlogen ... das immer gleiche neoliberale Gewäsch ... Ich ringe um Formulierungen. Irgendwie muss es um die «Macht der Autolobby» gehen, aber ich kann nur denken «lacht der Automobbi». Irgendwas über günstigere Fahrpreise und ein besser ausgebautes Schienbein ... Schienennetz muss mit rein, aber ich spüre, wie mein Kopf langsam nicht mehr mitmacht. Ich atme flach. Der nackte ältere Herr hinter mir schüttet sich die Reste seiner Apfelschorle über Kopf, Brust und Nacken.

«Für Sie auch eine Erfrischung?»

Die Zugbegleiterin lächelt freundlich hinter ihrer magentafarbenen Atemschutzmaske, ihrem einzigen Kleidungsstück, und hält mir ein Tablett mit goldenen Schokoladentäfelchen entgegen. Ich bedanke mich, greife zu und öffne die glänzende Verpackung mit der Aufschrift «Lieblingsgast». Heißbraun läuft mir die flüssige Süßigkeit über die Hände, und ich fluche leise. Während ich Ellbogen und Knie ablecke, schaue ich in die Aufzeichnungen der letzten Stunden und sage: «Ri-Ra-Rutsch, wir fahren mit der Kutsch.» Dann explodiert etwas in meinem Kopf.

Und auf einmal ist alles leicht. Leicht und klar. Wussten Sie, dass das Gehirn bei siebzig Grad den Aggregatzustand wechselt? Und dass es bei hundert Grad zu kochen anfängt? Wer diese Grenzerfahrung nie erlebt, weiß nicht, was Glück ist.

Die Fensterscheiben des Wagens, in dem ich sitze, lösen sich mit einem leisen Knack aus den Rahmen und fallen einfach raus. Weg sind sie, so wie mein Zorn. Der ist auch weg, und das fühlt sich gut an. Alles ist gut. Der Fahrtwind tut gut. Ich nehme die Stöpsel aus den Ohren und lasse den Wind durch meinen Kopf pusten, in dem es so aufgeräumt ist wie noch nie. Worüber habe ich mich bis eben noch so aufgeregt? Alles ist gut, alles ist richtig. Stuttgart 21 ist richtig. Mag ja sein, dass es das dümmste Großprojekt Deutschlands ist. In der Logik dieses Systems aber ist es absolut richtig! In der Logik des Kapitalismus kann es gar nicht scheitern! Niemals! Mit mafiöser Attitüde, unter Zuhilfenahme dreister, fetter Lügen (neuerdings auch «Alternative Fakten» genannt), durchgesetzt von einem weitestgehend korrumpierten politisch-medialen Komplex, notfalls mit nackter Gewalt, erscheinen Prinzipien wie Rechtsstaatlichkeit und Ziele, wie sie im Grundgesetz stehen, zusehends nur noch wie ein Stück sentimentaler Folklore.

So wird S21 auch zu einem praktizierten Fallbeispiel, einer Blaupause dafür, wie man sukzessive in Verhältnisse rutscht, welche der Ausspruch «Wer in der Demokratie schläft, wacht in der Diktatur auf» beschreibt. Wie recht Frau Merkel hatte! Mit S21 wurden die Weichen gestellt für Verhältnisse, die damals noch keiner für möglich gehalten hätte und die heute als neue Normalität gelten. Wie gut, dass Deutschland doch regierbar geblieben ist! Nur so lässt sich das große Rad weiterdrehen! Nur so lässt sich noch eine letzte und allerletzte Runde Geld von unten nach oben verteilen! Nur so bleibt uns der gute alte Kapitalismus erhalten, der doch die tiefere Ursache für all die zivilisatorischen Errungenschaften ist, auf die wir stolz sein können: für Klimakrise, Finanzkrise, Flüchtlingskrise, Coronakrise und diverse Kriegskrisen. Dass der Protest gegen Stuttgart 21 so erfolgreich weggeschlichtet, weggevolksentschieden und weggewasserwerfert wurde, hat so vielem den Weg geebnet und so vieles möglich gemacht, dass ich sicher bin, es wird in Zukunft noch viel, viel mehr möglich sein! Und ja, ich bin sicher, Stuttgart 21 wird letztendlich auch Russland ruinieren! Alles wird gut. Alles ist gut.

Es knallt.

«Liebe Fahrgäste, soeben hat sich der hintere Zugteil mit den Wagennummern einunddreißig bis siebenunddreißig vom vorderen Zugteil entkoppelt. Wir bitten, die Unannehmlichkeiten zu entschuldigen, und wünschen allen Fahrgästen, die uns hier verlassen, eine gute Weiterreise.»

Ich lehne den Kopf aus dem Fenster und sehe, wie weit vor uns der Zugteil mit den Wagennummern einundzwanzig bis siebenundzwanzig um die Kurve fährt und im nächsten Tunnel verschwindet. Da kommt mir die Idee für eine lustige Durchsage am Ende meines Textes über die Bahn:

«Verehrte Fahrgäste, wir möchten Sie noch auf unser gastronomisches Angebot aufmerksam machen. Genießen Sie zur Nachmittagszeit ein leckeres Stück Kuchen und eine herrlich dampfende Tasse Kaffee. Oder wie wär's mit einem Szegediner Gulasch von Starkoch Markus Lanz? Unser Bordrestaurant in Wagen 35 hat leider einen Defekt an der ... an dem ... aufgrund von ... egal ... ist leider geschlossen. Das freundliche Serviceteam freut sich aber auf Ihren Besuch in Wagen 25.»

Leben in vollen Zügen:

Begegnungen

Katrin Seddig
Ein Sommerfoto

Ich musste nach Kassel, meine Beziehung lag in Scherben, und jetzt das.

Auf meinem Fensterplatz saß eine Frau. Sie war groß und nahm auch horizontal viel Raum ein.

«Entschuldigung», sagte ich mürrisch, ich war in einer ganz schlechten Verfassung, «das ist mein Platz.»

«So?», sagte die Frau und machte keine Anstalten, sich zu bewegen. Ihre Augenbrauen hoben sich, ihren Mund konnte ich nicht sehen, weil sie eine Maske trug.

«Ja», sagte ich und hielt ihr mein Handy vor die Nase, «wollen Sie sehen?»

Sie schien nachzudenken.

«Ich habe mich hier so ausgebreitet ...»

Sie hatte sich tatsächlich ausgebreitet. Beide Plätze hatte sie mit ihrem Zeug belegt, Taschen, Tupperdosen, Schal, Zeitschriften, was nicht alles. Hinter mir wurde gemurrt. Ein Mädchen quetschte sich mit ihrem Rucksack an mir vorbei.

«Sie können sich gerne auf den anderen Platz setzen», sagte ich, «aber ich glaube, der ist auch reserviert.» Es war an der Anzeige zu sehen. «Ab Hannover», sagte ich. «Ich weiß ja nicht, wo Sie hinwollen.»

«Ach je», seufzte sie.

«Geht's denn mal weiter?», schrie ein Mann von hinten.

«Geduld!», schrie die Frau zurück. Ich empfand augenblicklich Respekt, er schoss in mich ein, wie ein Dartpfeil, und verließ mein Fleisch nicht mehr, ob mir das gefiel oder nicht.

«Liegt Ihnen daran, am Fenster zu sitzen?», fragte sie mich.

«Schon», sagte ich. Vielleicht wäre ich nicht so stur gewesen, wenn sie sich selbst entgegenkommender verhalten hätte.

«Lassen Sie uns doch mal vorbei», knurrte jemand hinter mir. Eine mürrische, knochige Frau, die immer die ungezogenen Kinder ihrer Schwester hüten musste, wenn die von ihrem jeweiligen Mann ausgeführt wurde. Das wusste ich natürlich nicht, aber das mutmaßte ich. Ich mutmaße immer alles Mögliche über Leute, die ich nicht kenne, es kommt einfach so über mich, ich kann gar nichts dagegen tun. Falls ich die Leute dann kennenlerne, kann ich später oft nicht mehr unterscheiden, was ihnen wirklich widerfahren ist und was nur in meiner Vorstellung. Aber das meiste behalte ich sowieso nicht.

«Okay, ich setze mich jetzt hin, und wir tauschen dann gleich», sagte ich zu der Frau, und sie sammelte all ihr Zeug auf ihrem Schoß zusammen. Ich wuchtete meinen Koffer auf die Ablage und ließ mich neben sie plumpsen.

«Angenehm», sagte sie, und ich schaffte es nicht, darauf zu antworten. Ich lüge einfach nicht gerne, wenn es nicht sein muss. Als die Leute sich verteilt hatten, bestand ich auf meinem Fensterplatz.

«Ach», sagte sie, «jetzt habe ich mich hier so gemütlich eingesessen.»

«Trotzdem», sagte ich und erhob mich, um Tatsachen zu schaffen.

Es dauerte, bis wir uns nun aneinander vorbeigedrückt hatten, was vor allem an ihr lag, an ihren Ausmaßen und ihrem Zeug. Dann legte ich meinen Kopf an die Lehne und starrte aus dem Fenster. Draußen war es trüb, dünne Striemen Regen trieb die Geschwindigkeit waagerecht über die schmutzigen Scheiben. Es war einer dieser Tage, dunkel und grau, und alle Leute waren müde. Schon auf dem Bahnsteig war es so gewesen. Es gab einfach keine Hoffnung mehr. So war mein Gefühl, und es bezog sich auf alles, schloss jeden einzelnen Menschen in diese Hoffnungslosigkeit ein. Was waren das für Enthusiasten, die da noch lachen konnten!

Jörg und ich, wir hatten uns am Tag zuvor einvernehmlich getrennt. Er sagte, er hätte sich das alles anders vorgestellt, ich hatte ihm zugestimmt. Aber, dachte ich nun, während ich fasziniert den Regenspuren beim waagerechten Fließen zusah, haben wir uns nicht alle alles ganz anders vorgestellt? Ich wollte nichts und niemanden von dieser allumfassenden Enttäuschung ausnehmen. Am liebsten wäre ich auf der Stelle in einen ohnmächtigen Schlaf geglitten, aber die Frau gönnte mir das nicht.

«So eine Zugfahrt ist doch immer etwas Schönes.»

Ich sah nicht zu ihr hin, ich hatte sogar meine Augen geschlossen und entschied mich, so zu tun, als hätte ich sie nicht gehört.

«Erst hat man Stress, aber dann ist es doch ganz gemütlich», sagte die Frau.

Ich öffnete die Augen. Sie hatte einen riesigen, bronzefarbenen Dauerwellenkopf, leuchtend blaue Augenlider und duftete wie, ich weiß nicht, sie duftete einfach. Ein Teil ihrer Sachen war von ihrem Schoß gerutscht, den Rest hielt sie in ihren gewaltigen Armen, und ich war mir sicher, dass sie unter ihrer Maske glücklich lächelte. So glücklich war sie, hier zu sein, in diesem Zug, mit all ihrem Zeug auf dem Schoß, auf einem Platz, den sie demnächst würde aufgeben müssen. Sie war ungefähr Mitte sechzig, und sie war riesig. Sie war ein Mensch, dem, wenn es gerecht auf der Welt zuginge, wenigstens zwei Plätze zugestanden hätten. Aber sie schien nicht falsch proportioniert, eher war es offensichtlich, dass ihr Äußeres ganz und gar auf ihr Inneres abgestimmt war, sie passte einfach zu sich selbst. Das galt auch für ihre Stimme, die eine gewisse, erschreckende Schönheit hatte. Diese Frau hatte, wenn ich das recht bedachte, etwas ganz und gar Divenhaftes an sich. Sie trug eine Zebrastreifenleggins und ein gelbes Mohair-

Kleid, das vielleicht auch aus Polyacryl war, und über ihren gewaltigen Busen baumelten mehrere goldene Ketten.

«Ihr Zeug ist runtergefallen», sagte ich.

Stöhnend beugte sie sich vor, und dabei fiel ihr noch mehr herunter.

«Warum packen Sie nicht was weg?», schlug ich vor.

«Ich habe gerne alles beisammen», sagte sie, «wenn man mal was braucht.»

«Aber so können Sie ja kaum sitzen.»

«Es geht schon.»

«Nehmen Sie doch den Tisch!»

«Welchen Tisch?»

Ich klappte ihr den Tisch vor den Bauch.

«Ach, wie nett!», freute sie sich und lud etwas von ihrem Zeug auf dem Tisch ab.

«Sie fahren wohl nicht oft Bahn?», fragte ich sie.

«Nie», sie schüttelte den Kopf, «ich habe ja keinen Grund.»

Ich nickte.

«Aber jetzt …», setzte sie unsere Unterhaltung fort.

Ich seufzte, aber nur innerlich, ich ergab mich. Bis Hannover, sagte ich mir, bis Hannover halte ich durch. Dann würde sich ein Mann mit Laptop neben mich setzen. Ich sah ihn schon vor mir, einen Anzugmann, der seine E-Mails schrieb und im schlimmsten Fall telefonierte. Aber nicht mit mir.

«… gibt es einen?», erkundigte ich mich.

«Man *hat* ja nur ein Leben», sagte sie. «Ursula Roschinski.»

«Katrin Seddig», sagte ich und schüttelte die dargebotene Hand.

«Es ist ja eher eine intime Angelegenheit», sagte Ursula.

«Dann behalten Sie es lieber für sich.»

«Die Fahrkarten bitte», sagte eine stramme, kleine Kontrolleurin.

Ich zückte mein Handy. Ursula Roschinski suchte. Und suchte.

Schließlich stand sie auf, und all ihr Zeug rutschte schon wieder auf den Boden.

«Um Himmels willen!», rief sie.

«Vielleicht in der Handtasche?», half die Kontrolleurin.

Es fand sich alles ein.

«Ich bin es einfach nicht gewöhnt», sagte Ursula zu ihr, «ich verreise sonst gar nicht.»

Aber die Kontrolleurin zeigte kein Interesse an diesen Dingen, deshalb wendete Ursula sich wieder mir zu.

«Wenn es Sie interessiert.»

Es interessierte mich nicht. Ich sagte: «Sehr.»

«Mein Mann ist ja gestorben», sagte sie und schien dabei so glücklich, dass ich nicht wusste, wie darauf reagieren. «Man soll ja nichts Schlechtes über die Toten sagen», sagte sie, und ich nickte und war ganz gierig auf das Schlechte, was sie mir über diesen Toten im Begriff war zu erzählen. «Er war, na ja, er war schwierig.» Ich nickte und nickte. «Aber er war kein schlechter Mensch.» Ich schüttelte den Kopf, ich nickte und schüttelte, wie eine Puppe, wie es gerade kam.

«Wissen Sie was», sagte Ursula Roschinski, «wir gehen ins Restaurant! Es muss doch bald Mittag sein.»

Es war halb elf, aber ich hatte mich ja schon ergeben, ich sagte: «Warum nicht? Einen Tee könnte ich vertragen.»

«Tee? Ach was! Wenn schon, denn schon, ich lade Sie zum Essen ein, wir machen es uns richtig gemütlich», sagte Ursula Roschinski.

«Das ist wirklich sehr schick!», sagte sie, als wir uns im Speisewagen gegenübersaßen. «Man isst, während die Landschaft an einem vorbeifährt.»

Ich nickte und nahm einen Schluck von meinem Wein, sie hatte mich nicht lange überreden müssen.

«Walther war kein schlechter Mensch», nahm sie ihren Faden wieder auf, «aber was konnte der Mann einem auf die Nerven gehen! Manchmal hat es mich richtig in den Händen gejuckt.» Sie sah mich an. Jetzt konnte ich ihr Gesicht ganz ohne Maske betrachten, und es fügte sich alles zu einem harmonischen Bild zusammen. Sie hatte breite, rote Lippen, einen kleinen Damenbart und ein hübsches Grübchen am Kinn.

«Was meinen Sie damit? Wollten Sie ihn schlagen?»

Sie zog die Augenbrauen hoch. «Wenn Sie ihn gekannt hätten. Mit seinen ganzen Vorstellungen. Das konnte einen schon zur Weißglut treiben. Die Kartoffeln mussten immer links liegen, das Fleisch rechts, das Gemüse dahinter.»

«Wirklich?»

«Das Gemüse immer dahinter! Ich konnte mich unter diesem Mann gar nicht entfalten. Jahrzehntelang habe ich meine Persönlichkeit unterdrücken müssen.»

«Ich frage mich, wie er das geschafft hat», sagte ich. Ich fragte mich das wirklich.

Sie zog ihr Portemonnaie aus der Tasche und holte ein Bild heraus, das sie mir dicht vor die Augen hielt. Darauf war sie selbst zu sehen, und neben ihr saß ein Mann auf einem Schlitten, ein großer, hagerer Mann mit einer Ohrenklappenmütze.

«Warum sitzt er auf einem Schlitten?»

«Es war ja Winter», sagte sie.

«Aber es liegt doch gar kein Schnee.»

«Ja, aber es war Winter. Das hatten wir uns so überlegt.»

«Was? Dass es Winter war?»

«Es war für die Familie, ein Winterfoto, für die Familie!»

«Schreien Sie doch bitte nicht so!», sagte ein Bistro-Mann, der eben mit einem Tablett vorbeihuschte.

Ich gab es auf.

«Und jetzt ist er also tot?», fragte ich. «War er denn krank?»

«Er hat sich das nur eingebildet.»

Unsere Klopse kamen, und ich hatte plötzlich doch Appetit, obwohl ich sonst gar kein Fleisch esse. Sie hatte alles für uns bestellt, und ich war so matt, ich fühlte keine Kraft, mich gegen ihre Vorschläge zu wehren.

«Er hat sich das nur eingebildet?»

«Er hatte so viele Krankheiten!», seufzte Ursula. «Kaum zu glauben, was der alles hatte!»

«Aber wenn er doch daran gestorben ist?»

Ursula presste ihre Lippen zusammen, jetzt machte sie einen ein bisschen verbitterten Eindruck. «Es war das Herz», flüsterte sie mir zu, als wäre ausgerechnet dieser Umstand nun geheim. Sie sah sich auch gleich forschend im Raum um. Überall saßen Leute, die sich an einem Kaffee festhielten, wahrscheinlich, um keine Maske tragen zu müssen. Alles Maskenmuffel, wie selbst ich sie höhnisch nannte, denn etwas Muffliges hatten sie nun mal an sich, diese verweichlichten, rechthaberischen Verweigerer.

«Aber er *hatte* gar nichts am Herzen?», fragte ich sie.

«Ach», sie winkte ab, «er hat sich da richtig reingesteigert. Immer mein Herz, mein Herz! Und dann.»

«Und dann?»

«Bums, aus, Herzinfarkt!»

«Aber er hatte nichts?»

«Nichts. Kerngesund war der Mann.»

Ich nickte, wir aßen, und Ursula bestellte Wein nach.

«Trotzdem traurig», sagte ich.

Sie nickte. «Was habe ich gelitten.» Sie trank den Wein aus.

«Mein herzliches Beileid», sagte ich jetzt doch.

Als wir auch das zweite Glas Wein geleert hatten, schlingerten wir auf dem schwankenden Weg zurück auf unsere Plätze.

«Wo fahre ich nun heute hin?», fragte Ursula.

«Wo fahren Sie heute hin?»

«Anton Maurer.»

Sie nickte bedeutungsschwanger. Ich sah, wie die Leute um uns herum Blicke warfen. Eine Frau zwei Reihen weiter war aufgestanden und hatte sich unauffällig umgedreht, um einen Blick auf uns zu erhaschen. Ursula sprach laut genug für alle.

«Er hat mich jetzt kommen lassen.» Würdevoll richtete sie sich auf.

«So?»

«Er will mich.»

Ich war mir sicher, dass jetzt wirklich das ganze Abteil die Ohren spitzte. Ein Mann telefonierte, und eine Frau bat ihn entnervt um Ruhe. Schließlich saßen wir im Ruheabteil. Aber ich wusste, warum sie ihn um Ruhe bat. Sie wollte nichts verpassen. Schließlich *wollte* er sie, Anton Maurer wollte Ursula Roschinski.

«Er ist ja Inges Mann gewesen, meine Cousine, aber nun ...»

«Sie ist tot?», mutmaßte ich.

«Sie ist tot.»

Wie der Tod hier die Weichen stellt, dachte ich.

«Ich habe mich immer dagegen gewehrt, aber nun ...»

«... ist es einfach passiert», ergänzte ich.

Sie nickte.

Ich wollte mich insgeheim über sie lustig machen, ich bin ein zynischer, bösartiger Mensch, besonders, wenn andere Menschen sentimental werden, aber ich konnte es nicht. Sie saß so würdevoll da, war so erfüllt von den glücklichen Wendungen ihres Schicksals. Und wenn sie nun mal mit diesem Mann auf dem Schlitten so viel Pech gehabt hatte!

Ursula versank auf einmal in Gedanken, vielleicht an Anton, vielleicht an Herbert, an ihre Cousine Inge, vielleicht hatten auch die Klopse sie müde gemacht, der Wein vielleicht, sie schlief ein und erwachte erst wieder in Hannover.

Da stieg genau der emsige, kleine Geschäftsmann mit Laptoptasche zu, auf den meine Fantasie mich vorbereitet hatte. Aber froh machte mich das jetzt nicht mehr.

«Junger Mann», stöhnte Ursula, die sich die Augen rieb, «nehmen Sie doch Rücksicht, ich habe hier eine Freundin gefunden.» Er wollte sich davon nicht beeindrucken lassen, aber das Abteil war auf Ursulas Seite. Man erhoffte sich vielleicht weitere Informationen. Vieles war ja noch im Unklaren. Wie hatten denn nun Anton Maurer und Ursula Roschinski zusammengefunden? Wie waren ihre Pläne? Und so fort.

«Nun stellen Sie sich doch nicht so an», herrschte eine Frau ihn an. «Hier sind doch noch jede Menge freie Plätze.»

«Sie wollen uns doch nicht unglücklich machen?», fragte Ursula.

«Das wollen Sie doch nicht», schlug ich in ihre Kerbe.

Schließlich fügte er sich, obwohl es diese Menge an freien Plätzen anscheinend gar nicht gab, denn er verließ das Abteil, um im nächsten weiterzusuchen.

«Natürlich ist er jetzt alt», sagte Ursula, als hätte sie nicht geschlafen, als wäre unsere Unterhaltung gar nicht unterbrochen worden.

«Wer?», fragte ich, ich war noch nicht ganz wieder auf der Höhe.

«Anton!», sagte sie. «Er ist doch fast schon siebzig! In dem Alter sind Männer schon komisch.»

«Schon vorher», gab ich zu bedenken.

Sie nickte eifrig. «Ab vierzig fängt das schon an.»

«Aber Sie wollen trotzdem hin?», fragte ich. «Wohin eigentlich?»

«Nach Wien. Er ist ja Österreicher, ein österreichischer Mensch. Ich weiß nicht, ob das zu mir passt. Ich komme ja aus Husum. Das sind doch ganz andere Leute da.»

Ich musste darüber nachdenken. Prägte das Land die Leute? Abgesehen vom Dialekt, den regionalen Eigenheiten und Angewohnheiten, besaßen die Menschen einer Gegend charakterliche Ähnlichkeit? Und wenn, spielte es eine Rolle? Ich hatte von einer Frau gehört, dass sie lieber mit Männern aus dem Osten zusammen war, die würden sie besser verstehen. Ich kann so etwas nicht glauben. Menschen sind viel zu verschieden, um sich innerhalb einer Gegend oder Region so sehr gleichen zu können.

«Sie sind sich also mit ihm noch nicht sicher?», fragte ich Ursula.

«Mit ihm schon, aber mit diesem Österreich, da weiß ich nicht.»

«Sie ziehen nach Österreich?»

«Eines muss doch zum anderen kommen, oder? Ich nach da oder Anton zu mir. Aber kann man sich diesen Mann in Husum vorstellen?»

Ich schüttelte den Kopf, obwohl ich ihn mir auch sonst nirgendwo vorstellen konnte, ich kannte ihn ja nicht.

«Das mit der Liebe ist sicher?», erkundigte ich mich, denn es kam mir so vor, als ob sich die beiden, nach dem Ableben ihrer jeweiligen Lebenspartner, überhaupt das erste Mal trafen.

«Sicher!», sagte Ursula und sah mich misstrauisch an, als wäre ich in der Lage, die Saat des Zweifels in ihre Liebe zu säen.

«Ja dann», sagte ich und wusste nicht weiter. Meine eigene Geschichte mit Jörg kam mir plötzlich so schäbig vor, so ohne Glauben und Vertrauen. «Haben Sie sich denn in der Zeit, als Ihre Partner noch lebten, ab und zu mal gesehen? Ich frage nur, weil Sie sich so sicher sind», sagte ich.

«Es gab ja die Familientreffen, dann auf den runden Geburtstagen meiner Mutter, wie das so ist.»

«Verstehe. Da konnten Sie dann wohl ein bisschen miteinander reden?»

«Um Himmels willen! Nein!»

«Nicht?» Langsam verzweifelte ich.

«Man fühlt es», sagte Ursula, «man fühlt es, wenn man über den Tisch guckt, man weiß es einfach. Inge, na ja, sie war immer krank und nörgelig. Hatte an allem was auszusetzen, das Kraut hat ihr nicht geschmeckt, das Fleisch war zu trocken, dann war es ihr zu kalt oder zu heiß, ständig hat sie an der Heizung rumgefummelt, die Kinder sollten leiser sein, und am schlimmsten war sie natürlich mit ihm, wie sie immer an ihm rumzottelte. Sie war durch und durch krüsch. Ein krüscher Mensch. Ich weiß nicht, wie er auf sie gekommen ist.»

Ich sammelte mich. Ich wollte jetzt zum Punkt kommen.

«Sie haben also mit diesem Mann in all den Jahren nicht über Ihre Liebe gesprochen, sondern sich bloß durch Blicke über den Tisch verständigt, verstehe ich das richtig?», fragte ich und merkte, dass ich etwas zickig rüberkam. Ich fühlte mich auch so.

«Er hat mich ja jetzt kommen lassen», sagte Ursula Roschinski ganz würdig.

Ich nickte. Ich glaubte zu wissen, wie die Geschichte weitergehen würde. Ich glaubte nicht an die Liebe. Ich war so nüchtern, wie eine fünfzigjährige Frau, deren neunte Beziehung gerade gescheitert war, nur sein konnte. Ich war fest davon überzeugt, dass es Liebe, wie wir sie uns vorstellen, nicht gibt. Wenn, dann war sie etwas anderes, als es uns in den Filmen und Büchern vorgespielt wird. Wenn, so dachte ich, dann war die echte Liebe ein zähes und unnachgiebiges Festhalten am Anderen, das allen vernünftigen Gedanken und Gefühlen irrational übergeordnet war.

Ich stieg in Kassel aus, ich musste ja. Ursula Roschinski bat um meine Nummer, ich gab sie ihr. Warum nicht? Man konnte ihr nichts abschlagen. Sie hatte so etwas an sich, das einen erschütterte. Vielleicht eine Eigenart der Husumer?

Ungefähr zehn Monate später bekam ich eine Nachricht: «Anton ist zu mir gezogen, nach Husum! Das hätte man doch nicht gedacht? Liebe Grüße, Ursula Roschinski!»

Dazu ein Bild: sie und ein Mann, der wohl Anton war, vor dem kleinen Husumer Hafen, er hielt einen bunten Strandball unter dem Arm. Ich wusste sofort, es war für die Familie, ein Sommerfoto, für die Familie.

Fil

Als umherreisender politischer Liedermacher, der ich mit Stolz und großer Freude bin, ergibt es sich, dass ich jedes Jahr viele Kilometer mit der Deutschen Bahn zurücklege.

Bahn ist für mich Luxus und Abenteuer zugleich. Ich leiste mir eine Bahncard 100 für etwas mehr als viertausend Euro, wobei ich mit Sicherheit mindestens zweitausend Euro verschenke, da ich so viel auch wieder nicht reise – einfach für das Gefühl, dieses kleine Teil den Kontrolleuren zu zeigen und sie ehrfürchtig zusammenzucken zu sehen.

«Oh!», rufen die Kontrolleure dann aus. «Ach so! Schon gut, schon gut!»

Und sie machen Abwinkbewegungen und tun schuldbewusst, als hätten sie's mir ansehn müssen, dass ich ein Hunderter bin, und jetzt schämen sie sich. Zermürben sich, weil sie mir die schmerzliche Qual des Hervorholens und Zeigens zugemutet haben.

Einmal hauchte einer sogar: «Das wusste ich ja nicht.» Woher auch? Crazy.

Durch die Bahncard 100 (die mich circa ein Viertel meines Tourverdienstes kostet) fühle ich mich kurz wie ein König, das ist es mir wert.

Und dann – ich fürchte, hier entsteht grad ein völlig falsches Bild von mir, aber so ein Sammelsurium-Buch mit verschiedenen Autoren liest ja wahrscheinlich eh keine Sau. Schenkware. Weiterverschenkware, seh das Teil JETZT schon bei Jokers für 1,99, nichts für ungut, Kollegen –, dann setz ich mich in den Speisewagen. Hier bleibe ich schon eher in meiner Preisrange und halte mich ewig an meinem Kaffee fest. Blockiere den Tisch. Wenn die Kellner kommen, schau ich aus dem Fenster. Sonst schau ich aber auch gern aus dem Fenster – da wird dir das Ausmaß an unverfrorener Dekadenz erst richtig bewusst: Sitzend rast du durch die Rapsfelder von Town zu Town UND hast noch ein Heißgetränk. Mit der Bahncard 100 und dem Speisewagensitz fühl ich mich wie ein Hochstapler. *But in a good way.* Wie ein getarnter Agent fühl ich mich. Wie James Bond. Wenn sie kein heißes Wasser für Kaffee haben, fühl ich mich wie James Bond in Gefahr.

Meine Mitspeisenden sind erstaunlich selten Familien mit Kindern und verblüffend oft niederträchtige Anzugtypen mit kalten Augen und kurz geschnittenen Fingernägeln.

Entweder Einzelne mit glühendem Headset am Zweiertisch, wo sich nur ein geisteskranker Masochist gegenübersetzen würde, oder genau vier.

Vier Anzugtypen für den Vierertisch, als wäre der Speisewagen extra auf deren Bedürfnisse hindesignt worden – und wurde er wahrscheinlich auch.

Die Viergruppe besteht immer aus einem älteren Boss und drei jungen ehrgeizigen Unterlingen, die seinen Platz einnehmen wollen, aber noch nicht jetzt. Manchmal ist einer von den Unterlingen eine Frau. Nie sind es zwei Frauen, und die eine Frau verrät eilfertig ihre Schwestern, verrät alles Deepe, Subtile, Weibliche: Mond, Mindfulness, Menstruation, das Kräuterwissen der Hulu-Hexen, Pippis Quanten-Einmaleins – all das wirft sie über Bord und äfft seelenfrei die Männer nach. Versucht, noch härter zu schleimen als die. Sie kratzt und buckelt, als hätte es weder Alice Schwarzer noch Margarethe Schreinemakers je gegeben, es ist eine Schande.

Die Anzugtypen trinken nicht nur Kaffee wie ich, sondern nehmen immer ein fulminantes Mahl ein. Nach ihrer Endzeit-Kapitalismus-Logik müssen sie das tun, egal, ob sie Hunger haben oder nicht, denn sie kriegen es ja von der Firma bezahlt. Äßen sie nicht, würden sie Geld verschenken, und das ist in ihrem dunklen Universum eine hohe Sünde.

Der geneigte Leser könnte nun denken, dass ich diese Anzugschweine nicht mag, aber so ist es nicht. Sie faszinieren mich. Ich beobachte sie heimlich staunend wie einen Vulkanausbruch oder einen Meteoriteneinschlag: Diese Typen, die so gesettelt und solide wirken, sind die Katastrophe, die letztendlich die Menschheit auslöschen wird. Wie genau, weiß ich nicht, vielleicht verscherbeln sie irgendwann ein ostdeutsches Nest zu viel an Satans Emirat oder erhöhen die Kaltmiete Gottes, sodass er unser überdrüssig wird – keine Ahnung.

Als guter Agent versuche ich stets, was Konkretes über ihre miesen Machenschaften rauszufinden, aber das klappt nicht, weil sie im Speisewagen eigentlich gar nichts Checkbares machen.

Das Authentischste, was sie tun, ist noch sich beschweren. Wenn der Zug Verspätung hat (hat er ja nun mal, bleiben wir real), macht der Vierertisch-Boss einen hochironischen Spruch und vergleicht uns mit einem anderen Land, das er sich vielleicht ausgedacht hat, wo es so was nicht gibt. Die drei andern nicken finster dazu, und man sieht ihnen an, dass sie denken: «Eines Tages reise auch ich in dieses Land. Aber noch nicht jetzt. Jetzt noch nicht, Geduld, Geduld.» Und sie schärfen mental ihren inneren Dolch für den ersehnten Tag.

Dann gibt es irgendein Essen nicht. Oder nur Pappteller statt Geschirr. Oder nur Lieblingsgast-Rittersport-Täfelchen und ein Kindermenü-Comicheft. Oder nicht mal das. Und die bösen Anzugteufel können dazu keine stoische Wasserglas-halb-voll-Haltung annehmen wie ich, der ich ja – das kann man ruhig mal sagen, wenn's stimmt – ein guter und bescheidener Mensch bin. Sie wissen nicht, dass Dankbarkeit und Anspruchslosigkeit höchsten Genuss herbeiführen, sie sind emotional auf der Kitaeingewöhnungsstufe hängen geblieben, sodass jeglicher Unbill sie sofort aus der Schiene wirft.

Der Vierertisch diskutiert den Mangel dann ausgiebig und erarbeitet Lösungsansätze wie «Das müssen sie doch in den Griff kriegen», «Es wird immer schlimmer», «Das ist jetzt das x-te Mal. Wie schwer kann es denn sein, ein Minimum an Service zu gewährleisten?!»

Der einzelne Anzugmann vom Doppeltisch hingegen sucht die Auseinandersetzung mit dem Kellner, ohne jedoch sein Headset-Gespräch zu beenden. Menschen sind ja bekannterweise nicht multitaskingfähig, aber er kommt nah ran, wenn er sagt: «Was heißt das, kein Putin-Wrap? Hier in der Karte steht ‹Putin–Wrap›, wenn Sie das anbieten, erwarte ich, dass Sie das auch vorrätig haben. Nein, nicht Sie, Frau Richter, ich bin grad im Zug, und mir wird hier mitgeteilt, der Putin-Wrap sei ‹aus›. Ja. Genau. Das kann doch ... Haben Sie denn – nicht SIE, Frau Richter – etwas, das genauso schmeckt wie der Putin-Wrap? Nein? Aber für solch einen Fall sorgt man doch vor!»

Der Kellner erzählt etwas von Hannover und einer dort nicht erfolgten Auffüllung, worauf der Headsetter entgegnet: «Ich weiß, SIE können nichts dafür, aber es ist jetzt das x-te Mal, dass mir das passiert.»

Er hat ja recht: Der Kellner kann nichts dafür. Hier könnte das Gespräch enden. Oder jedes Gespräch auf der Welt könnte mit diesem Satz beginnen. Er könnte sich in der Darmstädter Fußgängerzone genauso gut irgendeinen Passanten herausgreifen und ihn anbrüllen: «Ich weiß, Sie können nichts dafür, aber meine erektilen Dysfunktionen nehmen zu!» Oder zu seiner Frau sagen: «Ich weiß, du kannst nichts dafür, aber heute ist Dienstag», dann aus der Wohnung rennen und draußen spielenden Kindern zurufen: «Ihr könnt nichts dafür, aber wir zerstören eure Zukunft!»

Anyway. Irgendwann sind fürs Erste die Shortcomings und

Mängel der Deutschen Bahn durchdiskutiert, das, was es an Essen gab, ist vertilgt, und alle klappen ihre Laptops auf, und der Oberboss fragt dann so was wie «Wo stehn wir?» oder «Was haben wir bis jetzt?».

Und einer von den Unterlingen quasselt dann los. Aber es ist alles nur Humbug, der nirgendwohin führt. So: «Abteilung C sucht noch nach einer Lösung für das ZX3-Projekt, und sie wollen sich dazu mal mit Abteilung F kurzschließen.»

Oder: «Wir haben die Zahlen von Mittwoch noch nicht, die müssten wir dann erst mal einsehen und mit denen von letzter Woche abgleichen. Neu-Delhi würde dann wohl auch an den Start gehen, wenn sich nichts Eklatantes ändert.»

Es sind lauter stagnierende Nonsens-Sätze, nichts wird entschieden, über nichts wird wirklich nachgedacht, es wird nur rekapituliert. Es ist wie ein Spiel. Und das ist es auch. Die Anzugvögel spielen hier in der Bahn «arbeiten», so wie meine kleine Tochter mit ihren Freundinnen «Schule» spielt. Sie sagen wichtige Worte, erwähnen prägnante Projekte, aber alles ist hohl, leblos und kommt nicht vom Fleck. Als sei die Zeit eingefroren. Jede Besprechung endet mit «Da müssen wir dann am Montag noch mal drüber reden». Der Boss stellt permanent laterale Fragen wie «Was wissen wir eigentlich über ...?» oder «Haben wir denn schon ...?». Worauf immer «Da müssten wir noch die Daten erfragen» beziehungsweise «Da sind wir dran» geantwortet wird, was dann zu «Dann setzen wir das Montag mit auf die Agenda» führt.

Montag.

Alles wird Montag geschehn, nichts geschieht jetzt, aber sie hören nicht auf, so zu tun, als würden sie was tun.

Noch offensichtlicher ist das bei dem einsamen Headset-Anzugtyp, der nonstop mit seiner Wundermaschine unglückliche Untergebene stresst: «Ja, guten Tag noch mal, Frau Richter, nein, meinen Putin-Wrap habe ich nicht bekommen, ich weiß, Sie können nichts dafür, es geht um was ganz anderes; ich wollt mich noch mal erkundigen: Hat sich da in der qxbfgdl-Sache noch was Neues ergeben? Nein, jetzt kann ich mir das nicht merken, aber vielleicht sind Sie so lieb und legen mir die Akten raus, dass ich sie Montag gleich einsehn kann. Wir müssten dann auch noch mal mit dem Sowieso über das Diesunddas reden. Und diese Fick-daspferd-Geschichte, da sind wir auch noch nicht schlauer, oder? Das kann aber so nicht weitergehn, da müssten wir dann auch Maßnahmen ergreifen. Prüfen Sie doch bitte noch mal unseren Maßnahmenkatalog. Wir müssten dann noch mal sehn, was wir da machen.»

Ich glaube, bei diesen hohlen Pseudo-Talks versuchen die Anzugtypen, sich zu entspannen. Das hier ist ihre Pause, die sie aber als Arbeit tarnen. Einerseits natürlich, um die Arbeitszeit hinterher der Firma in Rechnung stellen zu können, andererseits aber auch, weil diese Vögel mit Sicherheit nicht einfach aus dem Fenster schauen können und dabei Musik hören oder so, weil dann sofort die innere Frage «Wer bin ich?» in ihren kalten Herzen aufleuchten würde.

Und die Antwort wäre: «Du bist ein Bösewicht.»

Sind sie halt. Sie wollten es so. Sie haben sich für die dunkle Seite der Macht (das ist übrigens deren einzige Seite) entschieden und sind somit meine – des politischen Liedermachers – natürliche Feinde.

Der Speisewagen aber ist so eine Art Wasserloch, wo wir uns im Frieden treffen. Ich elegante Antilope trinke hier neben den Löwen und den Schakalen, als würde mir keine Gefahr drohen.

Droht mir aber. Sowie die Gesprächsspielpause vorbei ist, werden diese Leute anfangen, RICHTIG zu arbeiten – an der Zerstörung unserer Welt.

Darum – immer wenn es heißt: «Aufgrund einer Weichenfehlstellung vor fünf Wochen an einem ziemlich weit entfernten Ort verzögert sich unsere Weiterfahrt um dreißig Minuten», und die Anzugtypen stöhnen, weil es anstrengend ist zu versuchen, sich zu entspannen, während man gleichzeitig so tut, als würde man arbeiten, und der Silbernacken am Vierertisch macht einen hochironischen Spruch, und die Königsmörder in spe lachen voller Schleim, und das Lachen der Frau geht in gurgelnde Wildbachlaute über, so sehr überschlägt sie sich, und dann kommt der Zug vollends zum Stehn, und es heißt: «Werte Fahrgäste, vor uns ist NOCH ein Zug. Mit diesem Zug konnte niemand rechnen. Er stellt ein unvorhersehbares Ereignis dar, vergleichbar höchstens mit Winter oder Ferien. Unsere Weiterfahrt verzögert sich nun auf unbestimmte Zeit» – immer dann atme ich auf, weil ich weiß: Damit verzögert sich auch die Vernichtung der Welt.

Und dafür liebe ich die Deutsche Bahn.

Renate Bergmann
Wenn einer eine Reise tut, dann kann er was erleben!

Hier schreibt Renate Bergmann, guten Tag.

So, das ist jetzt kein origineller Anfang für eine Geschichte, aber ich finde, die Höflichkeit gebietet es, dass man sich wenigstens kurz und knapp vorstellt, damit Sie wissen, mit wem Sie es zu tun haben, nicht wahr? Das machen die jungen Leute ja heute auch immer seltener! Ich bin zweiundachtzig Jahre alt und lebe in Berlin-Spandau.

Ich könnte Ihnen jetzt von vielen Bahnfahrten aus meinem Leben berichten, schließlich war ich bis zu meiner Pensionierung Eisenbahnerin und bin quer durchs Land gefahren mit der Kartenknipse. Aber wissen Se, ich kenne das von zu Hause: Erzählt man als alter Mensch von früher, blasen alle die Backen auf und geben sich Mühe, die Augen nicht zu verdrehen. Bei allen steigt die Angst auf, dass die Oma nun von der Zeit nach dem Krieg berichtet und dass wir damals nichts hatten. Ich kenne Sie doch! Deshalb schreibe ich nichts von früher.

Obwohl Se da einiges verpassen, pah! Aber ich will Ihnen von einer Reise im letzten Sommer berichten.

Meine Freundin Gertrud und ich, wir unternehmen gern Ausflüge. Solange wir noch krauchen können, sagen wir immer, solange verreisen wir auch. Es müssen ja nicht die ganz großen Urlaube über mehrere Wochen sein, aber so ein Tagesausflug ist doch auch was Schönes! «Warum in die Ferne schweifen? Sieh, das Gute liegt so nah!», so ähnlich schrieb es schon der Dichterfürst Goethe, und das stimmt.

Gertrud ist mein Jahrgang und ebenfalls verwitwet, wenn auch nur einmal, während ich schon vier Gatten zu Grabe tragen musste. Seit letztem Jahr ist Gertrud wieder unter der Haube. Sie hat schon bald fünf Jahre mit Gunter Herbst rumscharwenzelt, da war es an der Zeit, die Verhältnisse zu ordnen. «Man muss sich nur trauen», sagte meine Mutter schon immer, und so trauten sich die beiden und der Standesbeamte sie. Trotzdem fährt Gertrud mit mir weg, an unserer Freundschaft ändert sich nichts. Gunter reist nicht mit uns, der Mann ist mehr für den Garten und seinen Fernsehsessel zu begeistern. Aber wissen Se, in unseren Jahren soll jeder auch das Recht haben, zu tun und zu lassen, wonach ihm der Sinn steht!

Also sind Gertrud und ich los, am Morgen in aller Herrgottsfrühe haben wir uns auf den Weg zum Bahnhof gemacht. Es war ordentlich was los, schließlich waren Ferien. Aber Gertrud und ich sind geübt darin, uns Sitzplätze zu organisieren. Gertrud kann so prima das Bein nachziehen, dass jedermann Mitleid kriegt. Und wenn das doch mal nicht hilft, holt sie ihr Spitzentaschentuch raus, hält es sich tupfend vor den Mund und sagt: «Renate, ich glaube, ich muss ... Die Buletten waren vielleicht nicht gut.» Allerspätestens dann haben wir das Abteil für uns und freie Platzwahl. Ilse muss immer in Fahrtrichtung sitzen, sonst muss sie wirklich speien. Aber wie dem auch sei, um meine Freundin Ilse geht es gar nicht in der Geschichte.

Sie müssen schon entschuldigen, wenn ich ab und an ein bisschen abschweife. Wissen Se, je älter man wird, desto mehr Erinnerungen trägt man in sich, und wenn die rauswollen, sind sie manchmal nicht zu bremsen. Gertrud und ich sind also rein in den Zug und hatten wirklich Glück, wir haben zwei schöne Plätze erwischt. Ich ging ans Fenster, nicht weil ich die Landschaft so genau inspizieren wollte, sondern mit Rücksicht auf Gertrud. Gertrud muss ab und an mal raus, sie kriegt sonst steife Knie, wenn sie so lange sitzt. So konnte sie die Beine am Gang besser ausstrecken.

Wir saßen linksseitig, vor uns war noch ein Vierersitz, und dann kam eine Glastür, hinter der sich das Fahrradabteil befand. Sie kennen das bestimmt, diese Züge sind ja alle gleich. Dort sind die Sitze seitlich angebracht, und nicht nur Radfahrer sitzen da neben ihren Drahteseln, sondern auch Leute mit großen Koffern, mit Tretrollern oder Kinderwagen. Der Zug war schon tüchtig voll, und als er das nächste Mal hielt, stiegen noch mal etliche zu, sodass die Sitzplätze alle belegt waren. «Gut, dass wir so früh losgefahren sind», flüsterte mir Gertrud zu, «der nächste wird bestimmt noch voller. Gib mir doch mal eine Stulle, bitte!»

Wir hatten nette Sitznachbarn gerade rüber in unserem kleinen Abteil. Ein Ehepaar in den besten Jahren. Sie haben sich nicht vorgestellt, aber zur Begrüßung genickt. Der Herr schien ein pensionierter Lehrer oder gar Professor zu sein, auf jeden Fall ein Mann von Bildung. Er las in kleinen, eng beschriebenen Büchlein ohne Bilder drin. Seine Frau las auch, aber nur Zeitungsartikel, die der Gatte ihr zuteilte. Wenn sie damit fertig war, zog sie die Mundwinkel in diese oder jene Richtung. Ihr Mann kontrollierte den Blick, und einmal hatte sie wohl die falsche Meinung, da schüttelte er jedenfalls den Kopf und nahm ihr die Zeitung weg.

Wir fuhren gar nicht weit bis zum nächsten Bahnhof, es war noch innerhalb von Berlin. Der Regionalzug hält ja mehrfach, und es kamen immer mehr Leute dazu. Kurz bevor wir hielten, glaubte ich nicht, dass noch Leute reinpassen. Aber wie es so ist, stiegen gleich mal noch vier Radfahrer mit ihren Drahteseln zu. Ich traute meinen Augen kaum, aber erst jetzt sah ich Herrn Habicht im Fahrradabteil. Der Habicht wohnt bei mir im Kiez, gleich um die Ecke. Würde die große Eiche, die angeblich noch Kaiser Wilhelm persönlich gepflanzt hat, nicht die Sicht versperren, könnte ich bis rüber zu seinem Balkon gucken. Er ist im Grunde ein anständiger Kerl, auch wenn er sich und vor allem seiner Frau im Weg rumsteht, seit er in Rente ist. Der kann damit nicht gut umgehen und sucht noch nach einer Aufgabe. Solange er gearbeitet hat – er war Busfahrer –, war alles gut, aber nun ... Sie wissen ja, wie das ist, wenn die Männer auf einmal zu Hause sind und sogar im Haushalt helfen wollen. Soweit ich gehört habe, ist bei seiner Tochter jetzt was Kleines unterwegs und er wird Opa. Wie dem auch sei, ich bin keine, die sich über die Angelegenheiten anderer Menschen groß das Maul zerreißt. Heute wollte er wohl per Pedal auf Sause gehen, jedenfalls muss er mit uns zugestiegen sein. Gertrud und ich hatten ihn zunächst gar nicht bemerkt! Aber jetzt war er unüberhörbar, er rammelte den neu Zugestiegenen den Lenker seines Fahrrads in die Hüften, schimpfte, dass es so voll war, und wischte sich den Schweiß von der Stirn.

Gertrud hatte uns durch den Verzehr des zweiten hart gekochten Eies derweil missliebige Blicke des eben noch netten älteren Pärchens eingehandelt. Ich lächelte entschuldigend und reichte Gertrud eine Serviette.

Der Habicht frickelte ein Fahrradschloss durch sein Vorderrad und klickte es zu. Er ist sehr auf Sicherheit bedacht und kontrolliert ständig alles, und zwar sehr gründlich. Offenbar hatte er Angst, hier im Zug würde ihm jemand das Pedomobil mopsen. So ein Trottel! Gertrud und ich kicherten wie die Backfische, so amüsierten wir uns. Wo sollten die während der Fahrt denn hin mit dem Rad? In den Speisewagen?

Habicht schaute sich suchend um. Ich kenne den Blick, wissen Se, jeder, der Blutdrucktabletten einnimmt, muss immer gucken, wo er auch mal austreten kann. Es treibt. Er verschwand in Richtung Triebwagen, wohl auch, weil ihn der Drang trieb.

Mir war das gar nicht so unrecht, dass er uns nicht gesehen hatte. Er hat es nicht so mit der Etikette und spricht sehr laut, der fragt einen vor allen Leuten Sachen ... Das will man nicht. Gertrud und ich wollten unter uns sein. Er hätte auch aus der Tatsache, dass wir beide uns nach unseren Stullen, der Bulette und den hart gekochten Eiern einen kleinen Korn zum Verdauen gönnten, «die beiden ollen Weiber haben im Zug gesoffen» gemacht. So einer ist das!

Die Eisenbahn schlängelte sich durch die brandenburgische Landschaft, und schon bald bewunderten wir Kiefernwälder. Kurz darauf sahen wir Spargelfelder, und damit hat es sich auch schon mit den Dingen, für die Brandenburg bekannt ist, jedenfalls, wenn man mal von der Spreewaldgurke absieht. Gleich sollte der nächste Halt kommen, und ich bemerkte, wie sich zwei Frauen, die sich bis hierhin angeregt unterhalten hatten, zum Aussteigen fertig machten. Zwei hübsche, jungsche Dinger – lassen Se die Mitte fünfzig gewesen sein.

Na ja, jung!, werden Sie jetzt denken, aber glauben Se mir: Wenn man über achtzig ist, erscheint einem das jung!

Jedenfalls nickten die sich zu, zuckelten ihre Nicki-Hemdchen über den Knickerbockerhosen zurecht, zogen sich die Rucksäcke auf den Rücken und gingen ins Fahrradabteil. Dann habe ich eine Sekunde nicht aufgepasst, aber es wurde sehr schnell sehr laut, und es gab ein großes Geschrei und ein Handgemenge. Eine der beiden hatte wohl entdeckt, dass ihre Fahrräder angeschlossen waren und sie die nicht losbekamen!

«Habicht», schoss es mir durch den Kopf, und ich guckte zu Gertrud rüber und bedeutete ihr, dass wir beide jetzt einfach ganz stille sein würden.

Eine der beiden Damen – so eine mit schräch geschnittenen Haaren und nur einem Ohrring, wissen Se?, so eine Zähe, Verbissene, zerrte an dem Fahrrad rum. So drahtige Frauen haben ja oft unglaublich viel Kraft, selbst wenn sie noch so klein sind. Meine Tochter, die Tiertherapeutin ist und die nicht mal Fisch isst, hat auch schon mal zwei Schafböcke auseinandergezogen, mit denen sie falsch meditiert hatte. Statt sich zu entspannen, sind die Viecher aufeinander los, und Kirsten, die eine kleine, drahtige Person ist, hat sie mit einer Kraft, die ihr niemand zugetraut hatte, auseinandergezerrt. Die Schrächfrisierte war auch so eine. Sie war stark, aber auch sie schaffte nicht, das Habicht'sche Fahrradschloss, Sicherheitsstufe ii, zu knacken. Die Kette hörte man bis in unser Abteil klimpern, und es klang schwer und massiv wie die, mit der mein Opa Strelemann unsere Ochsen früher vorm Pflug führte.

Der Zug hielt, einige stiegen aus, andere stiegen ein, und unsere beiden Ausflüglerinnen mussten bleiben. Sie hatten das ganze Abteil in Aufruhr gebracht, und alle diskutierten laut und ohne viel Ahnung. Es ging zu wie beim Fäßbock, sage ich Ihnen! Alle riefen durcheinander, und es wurden Bemerkungen gemacht, die witzig sein sollten, es aber nicht waren. Weit und breit war keine Spur von Günter Habicht.

«Der ist bestimmt austreten, Renate!», flüsterte mir Gertrud zu.

«Meinst du? Hier im Zug?»

«Männer sind da doch nicht so zimperlich. Und der setzt sich bestimmt auch nicht hin!»

Ich nickte ihr beipflichtend zu und hoffte, dass sie das Thema nicht noch weiter ... Es reichte so. Wir hatten einen Eindruck.

Derweil beäugten die neu hinzugestiegenen Fahrgäste irritiert die Szene und trauten sich gar nicht, ihre Fahrräder loszulassen. Zwei junge Männer behielten die Helme auf, denn die Drahtige mit dem schiefen Haarschnitt wuchtete noch immer an den angeschlossenen Rädern rum. Die Herren hatten offenbar Angst, verletzt zu werden.

«Schadenersatz! ... Wer das war, den werden wir verklagen! ... Nötigung! ... Wo ist denn überhaupt ein Schaffner?» All solche Sachen hörte man immer wieder. Ich wollte erst einwerfen, dass es schon lange nicht mehr «Schaffner», sondern «Zugbegleiter» heißt, aber ich biss mir auf die Lippen.

Derweil erreichten wir den nächsten Bahnhof. Hier hätten die beiden Ausflüglerinnen aussteigen und den Zug in die Gegenrichtung nehmen können, aber Habicht war noch immer nicht wieder aufgetaucht. Die anderen wussten auch gar nicht, nach wem sie fahnden sollten! Sie hatten eine ungefähre Ahnung, dass «ein Allmann mit Tennissocken, Hawaiihemd und Sandalen» – so wurde er beschrieben – der Verursacher des Missgeschicks gewesen sein könnte.

Die beiden Damen zogen nunmehr in Betracht, das kleine Scheibchen, hinter dem sich der Knopf für die Notbremse des Zuges befindet, mit dem Hämmerchen einzuschlagen und den Zug zum Halten zu bringen. Die mit der roten Bluse hatte noch Hemmungen, aber die zähe Kleine war bereit zuzuschlagen.

Gerade im letzten Moment, bevor sie den Nothammer ergreifen konnte, kam Habicht in das Fahrradabteil geschlendert. Er zuppelte sich noch den Gürtel zurecht. Gertrud hatte scheinbar richtig mit ihrer Vermutung gelegen – der war austreten gewesen.

Den Damen blieb kurz die Sprache weg, aber nur für einen ganz kurzen Augenblick. Denn kaum beugte sich Günter Habicht über sein Fahrradschloss, ging ein lautes Gekeife los.

«WAS DENKEN SIE SICH EIGENTLICH?! Machen Sie schleunigst unsere Fahrräder los!»

«Bitte? Ihre Fahrräder? Was brüllen Sie mich eigentlich so an, lassen Se mich erst mal in Ruhe MEIN Fahrrad losmachen, ich will beim übernächsten Halt raus!»

Der Habicht kriegte gar nicht mit, was los war. Das ist bei dem aber oft so, das hat nichts zu sagen.

«Wir wären auch gern ausgestiegen!», konterte die mit der roten Bluse, die irgendwie ängstlich und nicht so forsch war wie die mit dem verrutschten Pagenkopf.

«Na, machen Sie doch! Das müssen Sie bei mir nicht anmelden, wir leben in einem freien Land.»

Die Schrägfrisierte rang nach Luft und plusterte sich auf. Auch bei ihrer Freundin mit der roten Bluse war es nun mit der Contenance vorbei, und beide brüllten durcheinander.

Habicht machte in aller Seelenruhe sein Fahrrad los und ließ das Geschimpfe über sich ergehen. Er ist seit bald dreißig Jahren mit seiner Brigitte verheiratet, der kennt das nicht anders.

«Schadensersatz!», höre ich wieder, «der ganze Urlaubstag versaut!», «das werden wir anzeigen! Annerose, lass dir die Personalien geben!» Lauter solche wirklich unschönen Sachen wurden in einer Lautstärke gebrüllt, dass Gertrud und ich wirklich nicht lauschen mussten, wir bekamen trotzdem alles mit.

Eine junge Frau, die bisher nur still in der Ecke saß, mischte sich auf einmal ein. Es war so ein Knödelmädchen, wissen Se. Die trug einen Witwe-Bolte-Knoten auf dem Kopf. Das scheint das Erkennungszeichen der Frauen ihrer Generation zu sein. Die sind blitzgescheit und studieren was ganz Wichtiges mit Medien oder Erziehung und haben eine tadellose Figur. Die zeigen sie auch sehr gern, indem sie bauchfreie Hemdchen tragen. Die ernähren sich sehr gesund und trinken statt Milch Wasser mit püriertem Hafer. Meist fahren sie mit einem Herrenfahrrad umher und diskutieren ständig über Dinge, die ihnen viel bedeuten, die aber für den Fortbestand der Welt eher nebensächlich sind. Die wissen komisches Zeug, aber nichts von dem, worauf es im Leben ankommt: Sie können keine Servietten falten, wissen nicht, wie man Tischtücher stärkt, und wenn es darum geht, einen Karpfen zu schlachten, tun sie sich auch schwer!

Nun jedenfalls stand sie auf und sagte: «Nun wollen wir uns doch erst mal alle beruhigen!»

Sie selbst war sehr ruhig, so entspannt wie meine Tochter, wenn sie eine halbe Stunde auf ihrer Yogamatte ihre innere Mitte mit der Welt in Einklang gebracht hat. Die Knödelträgerin hier war ganz in ihrer Mitte, und es klang ein bisschen nach Frau Schlode, der Kindergärtnerin, als sie sagte: «Wie schön, dass Sie alle heute hier sind.»

Alle guckten sie nur irritiert und manche auch ein bisschen mitleidsvoll an. Es wollte sich niemand so richtig freuen, was vielleicht auch daran lag, dass die Klimapuste ausgefallen war. Es ging jetzt schon auf Mittag, und nicht nur die Sonne, sondern auch die erhitzte Diskussion hatte alle zum Schwitzen gebracht. Es wollte auch niemand mit ihr meditieren und «gemeinsam bei entspanntem Gesang nach einer Lösung suchen».

Die aufgebrachten Damen, die durch Günter Habichts Ankettung unfreiwillig zur Weiterfahrt gezwungen waren, gerieten vollends aus ihrer Mitte, als der Zugbegleiter auftauchte und ihre Fahrscheine sehen wollte. Sie waren ja nun schon zwei Stationen weiter gefahren, als sie gelöst hatten!

Wir bekamen – fast muss ich «leider» sagen – die Auflösung des ganzen Tohuwabohus nicht mit, denn Gertrud und ich mussten aussteigen. Wir waren in Bad Hasselstein angekommen und hatten unser Ziel erreicht. Wir gingen auch nicht durch das Fahrradabteil zur Tür, sondern machten lieber ein paar Schritte mehr und wählten den anderen Ausgang.

Ach, was hatten wir für einen schönen Tag im kleinen Kurstädtchen! Wir bummelten durch den Park, besichtigten das Schloss und lernten einen zauberhaften älteren Herrn kennen, der noch gut zu Fuß war, volles Haar und eigene Zähne hatte und der uns zu Kaffee und Eierschecke einlud. Es war ein schöner Tag, wir hatten ja auch Glück mit dem Wetter. Zur Sicherheit hatte ich natürlich einen Schirm eingesteckt, aber den brauchten wir nicht. «Wenn Engel reisen …», heißt es doch so nett, nicht wahr? Die Sonne begleitete uns den ganzen Tag.

Am späten Nachmittag brachte uns der pensionierte Museumsleiter zum Bahnsteig, und wir reisten zurück nach Berlin. Gertrud und ich sind nun keine Klettergämsen mehr mit unseren über achtzig Jahren, aber wir stiegen doch lieber hoch in die zweite Etage. Wir hatten nicht recht Lust, wieder so dicht am Fahrradabteil zu sitzen.

Wir waren rechtzeitig zum Abendbrot zurück in Spandau. Der Zug war halbwegs pünktlich und kam auch nur zwei Gleise neben dem geplanten an, da konnte man nicht meckern.

Ein paar Tage danach, als ich meine Einkäufe erledigte – mir war die Butter ausgegangen, denken Se nur! –, stand ich an der Kasse von Frau Habicht. Ich stelle mich immer am liebsten bei Frau Habicht an, wenn ich die Wahl habe. Die ist zackig, kann alleine die Bonrolle wechseln, vertippt sich nicht so oft und weiß auch die Nummer für Bio-Gurken. Und sie hat trotzdem immer Zeit für einen kleinen Plausch. Ihr Mann hätte Gertrud und mich neulich im Zug gesehen, meinte sie und brachte mich ein bisschen in Verlegenheit.

«Ach, er ist mir gar nicht aufgefallen. War er auch in Bad Hasselstein?»

«Nee, der war weiter nach Kasselhausen. Wenn Sie ihn nicht gesehen haben, haben Sie bestimmt auch gar nicht mitgekriegt, was da los war? Günter hat einen Diebstahl verhindert!», sagte sie sehr stolz und machte sich ein Stückchen größer hinter ihrer Kasse.

«Sagen Sie bloß. Einen Diebstahl verhindert?»

«Jawoll! Zwei Frauen wollten sich fremde Fahrräder schnappen und einfach damit aussteigen, und wenn Günter die nicht gehindert hätte, wären die weg gewesen. Die Besitzer hatten sie im Fahrradabteil abgestellt und hatten sich weiter hinten hingesetzt, die haben das gar nicht mitgekriegt. Sie haben die zwei Betrügerinnen mit der Bahnpolizei aus dem Zug geholt!»

Ach, du liebe Zeit! Der olle Zausel hatte die Geschichte aber zu Hause ganz anders berichtet, als sie sich zugetragen hatte! Eine regelrechte Räuberpistole hatte er daraus gemacht! Ich biss mir auf die Lippen und sagte Frau Habicht nichts. Sollte der doch zu Hause erzählen, was er wollte, es ging mich nichts an. Ich holte zwei Stück Eierschecke vom Bäcker und ging zu Gertrud. Wir lachten, bis wir die Brillen abnehmen und uns die Augen trocken tupfen mussten.

«Wenn einer eine Reise tut, dann kann er was erleben», heißt es so schön, und wir planten bei Kaffee und Kuchen gleich unseren nächsten Ausflug. Zu Hause sitzen und auf den Tod warten können wir schließlich noch früh genug!

Matthias Egersdörfer
Das Kuckuckskind

«**S**chmerzensgeld» nannte die Agentur die Gage für Auftritte bei Firmenfeiern, Geburtstagen und ähnlichen Veranstaltungen, die unter Ausschluss der Öffentlichkeit stattfanden. Der Unterhaltungskünstler Eckdal vermied solche Engagements in der Regel. Das Interesse des geladenen Publikums an der Darbietung war meist gering, und oftmals klebte man anschließend in würdelosen Belästigungen fest wie eine Mücke auf dem Fliegenfänger. Aber Eckdal hatte seit einiger Zeit über seine Verhältnisse gelebt. Eine Bekanntschaft mit einem Wein-Connaisseur und ein daraus entstandenes Interesse für Spitzenweine aus Nordburgund, insbesondere die 72er- und 86er-Jahrgänge, waren ihm teuer zu stehen gekommen. Es soll an dieser Stelle nicht weiter darum gehen. Kurz gesagt: Das ersparte Geld vom Konto befand sich jetzt in Form von grünen Flaschen im Keller. Den Dispo hatte der Eckdal komplett weggesoffen. Der mittelmäßig erfolgreiche Kasper konnte es sich zum gegenwärtigen Zeitpunkt einfach nicht erlauben, lukrative Angebote wegen irgendwelchen windelweichen Sensibilitäten auszuschlagen.

Der Eckdal hatte dem Booker der Agentur sofort grünes Licht gegeben. Er brauchte keine Nacht Bedenkzeit. Die Firma, die ihn für das fünfundzwanzigjährige Jubiläum engagiert hatte, stellte sogenannte «Nahrungsergänzungsmittel» her. Es waren Tabletten, die angeblich halfen, das Körpergewicht in kurzer Zeit dauerhaft zu reduzieren. Eckdal hatte sich durch die Homepage geklickt. Und außerdem mit einer Frau Gimpel aus dem Marketing über eine halbe Stunde am Telefon gesprochen. Sein Schlachtplan bestand darin, die Firmengeschichte ein bisschen ins Ulkige zu verdrehen. Maßlos übertriebene Zahlen waren die halbe Miete. Einige relevante Namen waren gefallen, denen dichtete er ein paar vogelwilde Attribute und Lügengeschichten an den Hals. Die Gimpel bot sich freilich an. Da könnte er locker allein drei Minuten mit Vogel- und Vögelvergleichen rausschinden. Dann würde er allgemeiner werden und seinen Vortrag in seinen zeitlosen Smash Hits über die Deutsche Bahn und den legendären Arztbesuch enden lassen. Dann passte der Lack. Ganz nach dem Motto: Augen starr aufs Honorar!

Der Eckdal war zu früh in dem Gasthof erschienen. Die hundertzwanzig Mitarbeiter speisten noch im großen Saal. «Wir sind maßlos im Verzug. Der bestellte Bus war zu klein. Wir mussten umdisponieren. Gleich kommt der Nachtisch. Die Stimmung ist einwandfrei. Die Leute freuen sich schon unbandig auf Ihren Auftritt», hatte ihm die Gimpel gezwitschert. Wie vereinbart, hatte er ihr eine Kurznachricht auf das Handy geschickt. Sie würde ihn unbemerkt zum Bühnenaufgang führen, hatte sie ihm atemlos mitgeteilt. «Sie dürfen sich alles bestellen, was Sie auf der Karte freundlich anlächelt», hatte die Mitarbeiterin ihm stürmisch zugehaucht. Dann hatte sie die braune Schiebetür aufgezogen und war aus seinem Blickfeld verschwunden. Er indessen hatte fast schon das zweite Viertel Silvaner getrunken, als sie plötzlich wieder neben ihm stand. Eckdal hatte beim Warten und dem kühlen Wein glatt vergessen, dass er noch lustig sein musste. Die Gimpel hatte gesagt: «Herr Eckdal. Es geht los. Die Menge tobt schon.» Dann hatte sie ihm am Anzugärmel gezupft. Er war immer noch überrascht und hatte sich ruckhaft erhoben.

Dann lief Eckdal neben der Gimpel her über den Parkplatz. Hinter der Bühne stand der Komiker in Halbdunkelheit zwischen Sicherungskasten, Putzeimern und der Leiterin des Marketings der Optimax-Live-Energy GmbH. Auf der Bühne stand der Firmenchef. Eckdal lauschte den Worten. Vielleicht lieferte der jetzt ungewollt Munition, die er gleich anschließend wieder mit Wucht in die Menge ballern konnte. Mehr noch aber nahm der Spaßmacher die enorme Körperfülle des Redners wahr. Der Geschäftsführer endete in Lob von Einzelleistungen und allgemeiner Lobhudelei. Die Mitarbeiter applaudierten. Der dicke Mann verließ die Bühne. Frau Gimpel sagte den Stargast des Abends an.

Eckdal trat mit anhaltendem Applaus ans Mikrofon, das auf einem Stativ klemmte, wie es in der Bühnenanweisung vereinbart worden war. Er grüßte in die Menge. Dann machte er eine Pause und sah vermeintlich in die Gesichter des Publikums. In den ersten beiden Reihen konnte er noch Personen erkennen. Weiter hinten verschwand alles in Dunkelheit.

«Wenn ich mir überlege, dass eure Firma Tablettchen herstellt, damit einem geholfen wird abzunehmen, und dann sehe ich das erste Mal euren Chef da stehen ... Also, meine Herren! Da muss man wirklich sagen: Da habt ihr ja tatsächlich den Bock zum Gärtner gemacht!»

Eckdal setzte nach dem Gesagten eine Pause. Es war eine Fünfzig-fünfzig-Chance. Bei einer Regenwahrscheinlichkeit von 50 Prozent regnete es oft. Einem Freund vom Eckdal sollte einmal das Herz transplantiert werden. Der behandelnde Arzt hatte gesagt, die Chance, den Eingriff zu überleben, liege bei 50 Prozent. Der Freund hatte die Operation nicht überlebt.

Aber jetzt schien hell die Sonne. Der Patient lebte, lachte und stampfte mit den Füßen. Alle Angestellten der Optimax-Live-Energy GmbH waren aus dem Häuschen und tobten vor Vergnügen. Mit vielem hatte der Eckdal gerechnet. Aber nicht mit so einer Wirkung. Er hatte sich darauf eingestellt, gegen den Unwillen der Verdauenden ansprechen zu müssen, die wiederkäuend vor ihm saßen und ihn aus großen müden Kuhaugen betrachteten, während er sich, große Kiesel im Mund, mit einer unverständlichen Sprache vergeblich bemühte.

Die Menschen kreischten und klatschten. Eckdal wurde fortgerissen in diesem Brausen. «Wenn euer Chef ins Kino geht, sitzt der immer allein im Lovechair», setzte er noch einen drauf. Die Masse johlte. Im Echo schallten die Sätze des Eckdal aus den über hundert Mündern wieder. Die vielen Mäuler der Kreischenden spotzten und grunzten ihr Lachen.

Dem Spaßmacher glühten die Backen, und berauscht fabulierte er sich in Fettsucht und Fresswahn hinein. Dann schwadronierte er davon, dass diese Tabletten wahrlich nichts Besonderes sein könnten, weil ja das meiste Geld in der Firma dafür ausgegeben werde, die Gänge und Treppenhäuser zu verbreitern, damit der Chef darin nicht stecken bleibe. Er breitete eine Landkarte des Übergewichts aus auf dem Rücken des rundlichen Firmeninhabers. Und malte mit Akribie aus seinen unverschämten Assoziationen große Bilder von Völlerei und Ausschweifung. «Schwabbelndes Fett», brüllte er über die Boxen in den Saal. «Schwabbelndes Fett», schrien und brüllkotzten ihm die Enthemmten zurück.

Er war glücklich, heiser und verschwitzt, als er die Bühne verließ.

Frau Gimpel stand hinter dem Gasthof auf dem Kies zwischen den Autos. Eckdal konnte ihren Gesichtsausdruck nicht entschlüsseln, als sie zu ihm sagte: «Das muss einem schon gegeben sein, so lange und laut auswendig sprechen zu können.» Neben ihr stand eine zarte blonde Dame im hellblauen Kleid, die im Nachtwind fror, was offensichtlich war, weil sie ihre Oberarme mit beiden Händen festhielt. «Sie wurden uns von einem Freund empfohlen», sagte die zarte Frau. «Er hat einen ganz eigenen Geschmack. Dass er so eigen ist, wussten wir bislang nicht. Wir überweisen den vereinbarten Betrag auf das in der Vereinbarung angegebene Konto.» Dann ging sie einen kleinen Schritt auf Eckdal zu und griff ihn sacht am Arm. «Mein Mann hat eine vererbte Drüsenerkrankung, aufgrund derer er an exotherm-flexibler Korpulenz leidet. Sein Vater und sein Großvater litten schon unter dieser Lebensbeeinträchtigung. Beiden war es nicht beschieden, das fünfundfünfzigste Lebensjahr zu erreichen. Nur so viel zu Ihrer Information.»

Die Frauen verschwanden.

Eckdal fuhr mit dem Taxi in das Hotel, das für ihn reserviert worden war. Der letzte Zug war schon vor einer Stunde abgefahren. Eckdal trank noch fast zwei Schoppen vom Riesling. Der Schlummertrunk erfüllte seinen Zweck. Im Fernseher an der Wand lief ein Western. Ein ganzes Dorf wehrte sich gegen eine Übermacht von rücksichtslosen, monochrom schwarz gewandeten Schurken. Eckdal schlief im Lärm der Explosionen und im Hagel der Schüsse einfach ein.

Stunden später wurde er wach. Sein Mundinneres war pelzig, sein Atem roch ungut. Als Eckdal das Licht im Badezimmer anschaltete, dröhnte die Lüftung. Er urinierte. Kurz blickte er in den Spiegel und senkte sogleich den Blick ins Waschbecken. Er schaltete den laufenden Fernseher aus. Er schaltete die Beleuchtung aus. Das Geschepper der Ventilation endete nicht.

Eckdal legte sich auf den Rücken. Er sah die Gattin des Firmenchefs mit dem Leiden im Blick, auf dem nächtlichen Parkplatz, vor seinem inneren Auge. Dann drehte er sich auf den Bauch. Er versuchte, sich eine Meeresbrandung vorzustellen. Richtig einzuschlafen gelang ihm nicht mehr. Wahrscheinlich hatte er zu viel getrunken. «Dann ist der Schlaf nur kurz», dachte er sich.

Kurz vor sieben stand er auf. Seine rechte Hand zitterte, obwohl es nicht kalt war. Mit Adrenalin und Triumph im Blut war er in der Nacht ins Bettzeug gesunken. Nichts davon war übrig. Die

Reue tropfte langsam und stetig von seiner pelzigen Stirn auf den zermüdeten Leib und ätzte Löcher in den gemutmaßten Erfolg. Ungeduldig brummend suchte er seine Strümpfe und die Unterhose. Es dauerte einige Zeit, bis er alles beisammenhatte. Wie konnte ein Socken in aller Welt unter dem zweiten Kissen landen, fragte er sich. Fast hätte er die Zimmerkarte vergessen mitzunehmen. Die Tür stand schon offen. Er suchte wieder schnaubend. Nichts war an dem Platz, wo es hingehörte.

Jetzt stand er in einem langen Flur und wusste nicht, wo er hingehen sollte. Er lief nach links. Aber überall waren da nur verschlossene Zimmertüren neben verschlossenen Zimmertüren. Und er fand kein Treppenhaus und keinen Fahrstuhl. Eckdal lief nach rechts im langen Labyrinth der unendlichen versperrten Eingänge.

Im Frühstücksraum saßen Geschäftsleute. In der einen Hand hielten sie geschmierte Brötchen und mit der anderen wischten sie auf dem Handy, das neben dem Teller lag. Eckdal saß vor einem Berg von verdächtig gelbem Rührei. Es war lauwarm. Der Kaffee war schwarz wie Lack und schmeckte elektrisch. Er kaute und sah dabei die traurigen Augen der Gattin des Firmeninhabers. Wie ein hilfloses kleines Tier, das nur so zum Zeitvertreib gequält worden war, hatte sie ihn angesehen. Ihn, ihren Peiniger, der ihr diese ganzen Unerträglichkeiten angetan hatte, wollte sie aus nächster Nähe betrachten.

Eckdal malmte den Brei und glotzte in den unscharfen Raum vor sich. Auf seiner hohen Stirn klebte kalter Schweiß. Bei der fühllosen, dummen Meute hatte er sich angebiedert. Stumpfe Reflexe hatte er bedient auf Kosten eines geschundenen Individuums. Jedes Mittel war ihm dabei recht gewesen. Keine Obszönität war ihm zu billig, um die stumpfe Blödheit der Mitleidslosen zu füttern. Er schluckte die dunkle Brühe und den gehaltlosen Schlonz. Dann schob er den halb vollen Teller von sich weg und verließ den Raum.

Eckdal lief über gemusterte Teppichböden, durch mit schmieriger Musik verklebte Gänge. Er öffnete mit der Karte die Tür und sagte halblaut «Du dummes, altes Arschloch!» in die Unordnung des Zimmers hinein.

Mit seinem kleinen Koffer in der Hand stand Eckdal vor der Rezeption. Eine blonde junge Frau mit grünen Fingernägeln sagte in ihren Bildschirm hinein: «Ich sehe, die Kosten für die Übernachtung werden übernommen.» Dann beugte sie sich über eine ausgedruckte Tabelle neben der Tastatur und ergänzte, ohne den Blick zu heben: «Ich hoffe, Sie hatten einen angenehmen Aufenthalt. Kommen Sie gut nach Hause!»

Eckdal knurrte: «Vollste Zufriedenheit» und verschwand.

Der Regionalzug war gut gefüllt. Der Humorist fand im letzten Wagen ganz hinten noch einen Platz. Auf den Sitz neben sich stellte er den kleinen Koffer mit seinen Habseligkeiten. Es kam eine Durchsage, die ihn daran erinnerte, eine Maske aufzusetzen. Eckdal hörte sich selbst atmen und beobachtete zwei Tauben auf dem Bahnsteig. Sie verscheuchten sich wechselweise von einer halben Scheibe eines fortgeschmissenen Brotes. Die eine pickte jetzt schnell. Die andere lief und senkte und hob den Kopf dabei, als wolle sie damit ihrer Entrüstung Ausdruck verleihen. Der Zug fuhr los.

Eckdal glotzte in die Landschaft aus Zweck und Nutzen. Er fuhr vorbei an den Feldern, auf denen das Tierfutter wuchs, an den Stallungen, in denen die Tiere mit dem Tierfutter gefüttert wurden. Eckdal fuhr vorbei an den Straßen, auf denen die schlachtreif gefütterten Tiere in Lastkraftwagen in die Schlachterei gefahren wurden, um dort ihr Ende zu finden, vorbei an den Straßen, auf denen das zerteilte Fleisch in die Supermärkte gefahren wurde. Er glitt geräuschlos vorüber an den Straßen, auf denen die Menschen zu den Supermärkten fuhren, wo sie das rohe Fleisch, das gehäckselte Fleisch in Tierdärmen und das Fleisch in gewürzten Scheiben kauften und ins Auto luden, um dann auf den Straßen, auf denen sie hingefahren waren, wieder zurückzufahren. Ohne Unterbrechung fuhr er vorbei an den Häusern, in denen die Menschen das Fleisch und die gefüllten Tierdärme brieten, kochten und aßen. Das verdaute Fleisch schieden sie dann aus auf den Scheißhäusern in den Häusern neben den Gleisen.

Der Zug hielt oft an Bahnhöfen, und immer stiegen noch mehr Menschen ein. Eckdal nahm seinen Koffer und stellte ihn unter seine Oberschenkel. Ihm ging immer noch der gestrige Abend durch den Kopf. Wie die Übelkeit eines verdorbenen Magens quälte ihn diese Gala. Öffentlich verflucht hatte er diesen offensichtlich schwer erkrankten Mann, seine Frau und sich selbst dazu.

Immer wieder hielt die Eisenbahn, und immer wieder strömten Existenzen in das Abteil. Eine Mutter und ihr Sohn liefen zwischen den Sitzenden. Die Mutter äugte. Sie deutete wortlos auf den leeren Platz neben dem Eckdal. Der kleine Mann setzte sich stumm. Die Mutter ging dorthin, woher sie gekommen war. Der Eckdal, ganz in sich verschlungen in der Selbstgeißelung und dem bewusstlosen Vorbeiziehenlassen der Welt hinter dem Fenster, entdeckte erst verzögert den Jungen neben sich.

Dieser drückte recht geschwind auf einem kleinen Bildschirm herum und löste damit Schüsse aus Waffen, die irgendwelchen grünlichen Monstern den Garaus machten. Die Bezugsperson, womöglich die Mutter, hatte sich wieder genähert und sprach einige raue Silben zum sitzenden Kind. Es unterbrach für einen Moment das Töten der Außerirdischen und erhob das Gesicht zur Frau. Diese raspelte noch Unverständliches aus dem Mund, wartete auf eine Antwort, die ihr vorenthalten wurde, schaute auf den Eckdal und den Buben und verschwand sogleich wieder.

Der Bube drückte jetzt wieder im Stakkato. Der innerlich Zermürbte sah auf das innig mordende Kind. Dem Eckdal kam der

Gedanke, sich an den Jungen zu wenden, um zu erfahren, wohin er fahre und was er dort vorhabe. Vielleicht gelänge es ihm mit dieser Erkundigung, ein Gespräch zu beginnen, welches dem Kind und auch ihm womöglich ein wenig Ablenkung von der eigenen Verschlupfung verschaffen konnte. Aber er verwarf den Einfall. Das Kind war eindeutig beschäftigt und empfände eine Unterbrechung bestimmt als lästig. Er könnte es fragen, was ihm denn die grün beschuppten Individuen angetan hätten, dass es selbige so rücksichtslos ausmerzte, ohne den geringsten Zweifel.

Fast schon hätte der Eckdal das Wort an das Kind gerichtet. Aber dann sah er, dass der Mund des Minderjährigen und Teile der oberen Backen mit einer Unzahl an klebrigen Krümeln verunziert waren. Es könnte gut sein, dass diese Partikel eines Gebäcks den Ausschlag dafür gaben, dass der Eckdal doch nichts zu dem Kerlchen sagte. Diese Speisereste waren es unter Umständen, die den Eckdal auf den unangenehmen Gedanken brachten, dass die mit allen Wassern gewaschene Trickbetrügerin in der Rolle der Mutter die beiden möglicherweise gerade intensiv aus sicherer Entfernung beobachtete. Und wenn sie dann sähe, dass er mit dem Kind Kontakt aufnähme und spräche und antwortete auf das, was das Kind sagte, weil der Eckdal es ja schließlich ermuntert hatte zu einer Unterhaltung, dann würde sie bei der nächsten Station selbst aussteigen. Ihr Auftrag wäre erfüllt. Die Mutter ließe den Kuckuck beim neuen Ernährer allein zurück. Und dann müsste der bei ihm bleiben, weil er ja nicht wüsste, wohin der kleine Vogel solle auf der Welt. Dann wäre er gezwungen, den Adoptierten mit dem zerkrümelten Gesicht nach Hause zu seiner Frau zu bringen.

Aber, jetzt schoss es dem Eckdal ins Bewusstsein hinein wie eine Lawine: Mit der wollte er ja schon in drei Tagen gemeinsam in den Urlaub fahren. Er brauchte jetzt den Urlaub so sehr, besonders nach diesem Gala-Desaster, dieser nicht wiedergutzumachenden, widerwärtigen Entgleisung. Und plötzlich wäre da ein

Kind. Ein ausgesetztes Waisenkind noch dazu. Ein Bett musste gerichtet werden. Wo sollte der Bub im Urlaub schlafen? Konnte man noch ein Kinderbett zusätzlich organisieren? War der Junge nicht schon zu groß für ein Kinderbett? Wie konnte er ihr diese Kalamitäten antun, seiner armen, geschundenen Frau, die selbst in den letzten Wochen über Gebühr und Vernunft so viel geleistet hatte und jetzt nichts mehr bedurfte als Ruhe und Erholung und nicht noch eine aufreibende Turbulenz mit ungewissem Ausgang?

Der Eckdal räusperte sich wie im Zwang. Dann griff er sich mit der linken Hand den Koffer. «Junger Mann, bitte lassen Sie mich einmal sofort hinaus», rief er dem Jungen fast ein wenig zu laut zu. Zwei Fahrgäste wendeten schon ihre Köpfe zu der Szene, die sich hier ereignete. Das Kind verwischte einige Krumen auf den Backen und erhob sich träge vom Sitzplatz.

Der aufgebrachte Eckdal entfernte sich mit eiligen Schritten. Er eilte zum Ausgang des Waggons und stand dort noch eine Weile zwischen den Abteilen. Bei der nächsten Haltestelle stieg er aus, an einem Bahnhof in der Provinz, an dem er gar nicht aussteigen hätte müssen, um sein Ziel zu erreichen. Jetzt stand er da mit seinem kleinen Koffer in der Hand, allein vor Gleis 3, und wusste nicht, worauf er warten sollte.

«... eine Mitnahme von Fahrrädern kann nicht gewährleistet werden», hörte der Eckdal eine Roboterstimme sagen. Die Worte kamen aus einem grauen Schalltrichter, der unter dem leicht spitz zulaufenden langen Dach über ihm befestigt war. Rauchfarbene schmale Säulen, an denen dünnere Röhren befestigt waren, hielten die Konstruktion in der Luft. Auf einem befestigten Metallstuhl hatte er Platz genommen. Der fahle Lack an der Lehne war an einer Stelle aufgeplatzt und hatte das darunterliegende dunkelbraun verrostete Eisen freigelegt.

Eckdal stellte seine Füße schief und beobachtete, wie er mit der einen Schuhspitze die andere Schuhspitze berührte. Sein Blick wanderte über den vernarbten Bodenbelag, aufgebahrte Zigarettenfilter in schmalen Rissen, grobe Teerpflaster zwischen Flecken der Abnutzung und Zeit.

Auf dem Bahnsteig vor ihm waren Menschen erschienen. Da standen sie, wenn sie nicht saßen, lehnten oder trippelten. Einer fasste reibend seine Hände. Eine andere kramte in der Tasche. Ein Sitzender rieb mit den Fingern unter seinen Augen, eine Frau im braunen Kleid und mit Sonnenbrille lief von rechts nach links in steter Geschwindigkeit und biss währenddessen kleine Stücke aus einer Breze, die aus einem Tütchen hervorsah.

Vor diese Gestalten pfeifzischte eine rote Bahn und hielt. Tutend öffneten sich die Türen. Der Motor der Lok brabbelte vor sich hin. Ein hektisch fiebriges Gepfeife ertönte beim Schließen der Türen. Dann brauste die Bahn mit einem Zirpen davon. Der Bahnsteig war menschenleer.

Eckdal hörte immer wieder die künstliche Stimme aus dem Kopf ohne Augen, Nase und Ohren in verschiedener Lautstärke von den Plattformen vor und hinter ihm sprechen. Hinter seinem Rücken rumpelte im rhythmischen Gesang ein Güterzug vorbei, der hatte Holzstämme geladen. Eckdal befand, dass es nach Pferden röche. Er sah grüne Bergeshöhen unter den prächtigen Glocken eines vollkommen blauen Himmels.

Zwischen Bahnwitz
und Wahnwitz:

Beobachtungen

Cordula Stratmann
Über Deutsches Kopfschütteln (DK) in der Deutschen Bahn (DB) und andere Unsittlichkeiten

Seid ihr verrückt???

Was soll ich denn jetzt für einen Text über die Deutsche Bahn schreiben?!

Einen, wie ihn nicht eh schon seit Jahren unzählige KolumnistInnen, AutorInnen sowie restliche TextverfasserInnen wöchentlich in steter Wiederholung und so unneu, wie etwas nur sein kann, in die Tasten hämmern?!

Ich kann dem Thema Deutsche Bahn auch großräumig nichts Neues hinzufügen.

Beim Begriff «D... B...» wälzen sich die Menschen in Deutschland in Lachattacken oder, bei Humormangel, hegen furorige Rachegedanken, schütteln den Kopf, gehen an ihre Tastaturen und tippen da ebenjenen Text hinein, den sie bereits vor drei, sechs, acht und neun Monaten als Leserbrief verfasst oder als Kolumne veröffentlicht haben. Oder als Artikel. Oder als Reportage. Nicht wenige richten sich aus Gründen eines nicht aufzuhaltenden DB-Berichtzwangs einen Account bei Instagram oder Twitter ein.

Die Reaktion auf das Phänomen «DB» ist so stereotyp, wie man Einigkeit herstellen könnte, wenn man eine Befragung durchführte zum Thema, wie gut bei den Deutschen der allgemeine Schnupfen ankommt. Wobei ich hier eine größere Diversität in den Antworten vermute. Nicht jeder hasst den Schnupfen gleichermaßen, aber *alle* schütteln, rechts beginnend, achten Sie mal drauf, den Kopf, ich glaube sogar schon, wenn in einem Satz das «d» und das «b» in direkter Folge auftreten.

Nehmen wir beispielhaft diese Äußerung:

«Im Altertum hat man ja Menschen lebend begraben.»

Im selben Moment fliegt der LeserIn von München bis Kiel schon der Kopf von rechts nach links nach rechts nach links, in kleinen Bewegungen. Und mitnichten aus (reichlich verspätetem) Mitgefühl gegenüber den lebend Begrabenen.

Da! Schon wieder! Ist es Ihnen beim Lesen passiert! Kopfschütteln.

Darüber müsste mal jemand einen Text schreiben.

(Etwas Neues zum Thema «DB» wäre meiner Beobachtung nach nur rot-weiße Bettwäsche mit einem Aufdruck in Anlehnung an: «blablablub außerplanmäßig zum Halten gekommen», hier dann eben von einer humorvollen Herstellerfirma irgendwas Lustiges zu dem Menschen, der unter der Bettwäsche «außerplanmäßig zum Liegen gekommen» ist. Ich will für die Idee nichts haben.)

Über das «DK», Deutsche Kopfschütteln, kenne ich nicht einen einzigen Text.

Dabei machen wir das schon so lange, wie die DB Verspätung hat.

Oder haben schon Lehrer in den Fünfzigerjahren das Kopfschütteln unters Volk gebracht, wenn sie mit dem Rohrstock auf Kinderfinger gehauen haben? Weiter zurück möchte ich in unserer Vergangenheit nicht gehen, das hier soll ein heiterer Text werden.

Ich würde wahnsinnig gern behaupten, dass ich selbst *nicht*, wirklich *niemals* mit dem Kopf schüttele, weil das echt nur die ganz deutschen Deutschen machen, die richtig üblen Zeitgenossen, die misanthrop deformierten Leute, denen man an der Ampel begegnet oder im Biosupermarkt. Die in der Schlange hinter dir stehen und dir bei irgendeinem ganz normalen Menscheln zugucken, wenn dir vielleicht gerade beim Beladen des Kassenbandes eine Flasche Orangensaft aus der Hand rutscht und du mit großem Bedauern selber weißt, dass drei Tage nach dem Aufwischen durch eine herbeigeeilte Auszubildende noch der ganze Kassenraum klebt. Die Kopfschüttelwahrscheinlichkeit in solch einer Situation ist in Köln aus Mentalitätsgründen am geringsten, da lacht man lieber los und schunkelt zusammen, bis die Sauerei weggesungen ist. Im Rest des Landes ist das O-Saft-Beispiel eine ziemlich sichere Bank für DK.

Und noch mal: *Niemals* sehen Sie mich in solch einer Situation über meine Mitmenschen den Kopf schütteln, ich gehöre außer Frage und selbstverständlich zu den Schunklern, weil ich so eine grundlegend heitere, verständnisvolle, den Menschen zugetane Mitbürgerin bin, auf deren Unterstützung Sie *immer* setzen können, wenn Ihnen mal eine Ungeschicklichkeit passiert!

Aber fallen Sie bitte nicht auf mich herein.

Diese Warnung geht ebenso an mich selbst, denn ich war zunächst als Erste auf mich und meine megasympathische Art, mit der ich das personifizierte Augenzwinkern bin, mit der ich wirklich jedem noch so großen Idioten die Hand reiche, ihm mein Herz öffne und unermüdlich Brücken baue, hereingefallen.

Ich entsteige augenblicklich meiner Hülle als Menschenfreundin und offenbare meine Fratze, wenn mich das Schicksal in den Dunstkreis eines Kopfschüttlers, einer Kopfschüttlerin zwingt. Ich vergesse mich und meine gute Erziehung, wenn ich Sie beim Kopfschütteln erwische! Nehmen Sie Reißaus, wenn Sie mich irgendwo stehen sehen, wo Sie gerade über irgendetwas den Kopf schütteln, ich habe mich augenblicklich nicht mehr unter Kontrolle.

Dann hole ich das Mieseste aus mir heraus, dann schüttele ich über Sie den Kopf!

Und ich kann das noch besser als Sie, ich bin die Weiterentwicklung von DK: Ich verziehe dabei noch angewidert mein Gesicht, ich runzele die Stirn und verziehe verächtlich den Mund. Mein Kopfschütteln soll Sie vernichten, weil Sie mich so aufregen mit Ihrem bescheuerten Rechts-Links-Rechts-Links-Rechts!

Sie haben angefangen! Das möchte, das *muss* ich hier einmal klarstellen! Wieso sollte ich, eine stinknormale Bürgerin dieses Landes, den Kopf schütteln, außer über diese unerträglichen, selbstgerechten, im Moment des Kopfschüttelns ganz unten auftitschenden, morastigen Kopfschüttler?

Ich widerstehe nun der Versuchung, hier noch mehr Zeilen zwischen mir und der einzigen Schlussfolgerung anzuhäufen. Es steht fest, Butter bei die Fische, Katze aus dem Sack:

Ich bin eine DK.

Eine Deutsche Kopfschüttlerin.

Was soll ich sagen. Mich schüttelt's. Ekelhaft.

Liebe Mitbürgerinnen und Mitbürger! Wir müssen das wieder aufhören!

Das ist würdelos, wirklich.

Ein DK steht, wenn Sie sich das mal gründlich durch Ihren Wackeldackelkopf gehen lassen, in der Rangliste der Vollpfosten noch unter dem, dem spontan die Hand ausrutscht. Letzteres auch echt nicht schön, passiert aber im Affekt, den wir DKs leider, leider nicht für uns in Anspruch nehmen können, dafür nimmt das langsame, genüsslich tadelnde Kopfschütteln zu viel Zeit ein.

Und hier, sehr verehrte LeserInnenschaft, reicht uns das Oberwasser die Hand, wir müssen sie nur ergreifen: Wir können unmöglich von uns selbst gänzlich unbemerkt über mehrere Momente hinweg den Kopf schütteln, wir sollten also spätestens beim (rechts beginnend) zweiten Rechts den Kopf stoppen können. An einer Supermarktkasse können wir die Erkenntnis, dass wir gerade wieder die Welt mit unserem Kopfkommentar verseuchen wollten, tarnen mit einem Blick in egal was da rechts zuverlässig für ein Regal steht, ah, ich hatte ja die Zigaretten, die kleinen Feiglinge, die Kinderüberraschungseier, whatever, vergessen, zack, in den Wagen damit und die arme Sau mit dem O-Saft solidarisch angegrinst! Wobei, für mich gilt ja, ich muss den Kopfschüttler angrinsen, das ist die härtere Nuss, entschuldigen Sie mein Selbstmitleid, aber sehen Sie das bitte ein ...

Das schaff ich nicht allein. Geben Sie es zu, Sie doch auch nicht. Das braucht eine Bewegung.

Ich glaube ja, wenn wir mal den DK-Reflex im Griff haben, dann meistern wir die äußerst ruppigen Aufgaben, die uns in der kommenden Zeit auf vielen Ebenen erwarten. Ich nehme den Mund noch voller: nur dann.

Bitte treffen Sie mit mir hier und jetzt eine Verabredung:

Wenn Sie dereinst mit einem DK im selben Zug der DB zu sitzen kommen und auf der Langstrecke zum vierzehnten Mal der Durchsage mit der Wagenreihung beiwohnen, dabei Ihr Blick über den Gang auf einen, ich sag mal, instabilen Kopf fällt, gehen Sie zu diesem armen unangenehmen Zeitgenossen hin, nehmen Sie liebevoll sein Gesicht in Ihre beiden Hände, halten Sie es, bis der Schüttelreflex vorüber ist, schenken Sie ihm ein solidarisches Augenzwinkern, das ihm sagt, hör auf mit der Scheiße, und setzen Sie sich wieder hin. Sie retten unsere Nation!

Und dafür von ganzem Herzen Dankeschön.

Hans Zippert
Leben und Leiden eines Vielfahrers oder Womit kommen sie denn nun wieder?

Nur jeder fünfte Zug der Deutschen Bahn ist voll funktionsfähig. Das zeigten vor ein paar Jahren interne Dokumente, die jemand mit dem Auto zur ARD gebracht hatte. Viele Reisende wünschten sich, sie könnten einmal in ihrem Leben mit diesem fünften Zug fahren, aber die Bahn verriet nicht, wann die voll funktionsfähigen fünften Züge unterwegs sind. Es brachte auch nichts, wenn man vorsätzlich vier ICEs verpasste, denn der dann folgende fünfte Zug musste nicht unbedingt der gewünschte sein. Höchstwahrscheinlich wurden sie bewusst nicht eingesetzt, damit da nicht auch noch irgendwas kaputtging.

Wie das Verhältnis von ganz intakten und teilweise defekten Zügen wohl aktuell aussieht? Natürlich ist es gar nicht so einfach zu erkennen, ob man sich in einem voll funktionsfähigen Zug befindet, es gibt da keine eindeutige Definition. Es könnte beispielsweise eher gut sein, wenn das Bordbistro nur über ein eingeschränktes Speisenangebot verfügt. Der Ausfall der Kaffeemaschine muss nichts bedeuten, es sei denn, der Zug wird mit Kaffee betrieben.

* * *

Kunden der Deutschen Bahn können ihren Sitzplatz bei einer Reservierung mittlerweile exakt auswählen. Schön wäre es, wenn der Reisende somit auch entscheiden könnte, ob er lieber neben dem Vertreter aus Heilbronn sitzen möchte, der eine Stunde lang mit Frau Gellert aus der Zentrale telefoniert, damit die ihm aus dem braunen Ordner, der in dem alten Aktenschrank in der untersten Reihe in der Mitte steht, den Vorgang Burgsmüller raussucht und vorliest – oder doch lieber neben der sitzausfüllenden Dame, die in einen Topf mit Haarfestiger gefallen ist, zwischen Göttingen und Wolfsburg drei hart gekochte Eier und ein Leberwurstbrot isst und dabei ständig in Richtung des Sitznachbarn ausatmen wird. Oder am Tisch mit dem überforderten Vater zweier Söhne, deren Lautstärkeregelung ausgefallen ist? Selbst dann wäre nicht alles planbar: Ob die Landfrauengruppe aus der Rhön schon vier oder erst einen Prosecco intus haben wird, lässt sich genauso wenig reservieren wie die Anzahl der Lieder, die sie singen werden, und wo die Einzige sitzt, die sich übergeben muss.

* * *

Die Bahn muss auch bei Verspätungen, die durch höhere Gewalt verursacht wurden, Entschädigungen zahlen. Das hat der Europäische Gerichtshof entschieden. Viele Kunden hegten schon lange den Verdacht, dass die Bahn selber eine höhere Gewalt ist, aber so weit wollte das Gericht nicht gehen. Um Rechtsstreitigkeiten sofort zu klären, fahren in jedem ICE seitdem ein Richter und ein Zahlmeister mit, zwischen Kassel und Göttingen steigen mobile Rechtsanwälte zu. Als höhere Gewalt im Sinne der Rechtsprechung gelten Unwetter, Streiks, Erdbeben, Klimaanlagen, vorausfahrende Züge, Tsunamis, technische Defekte, Vulkanausbrüche, Bundestagswahlen, Bürgerkriege und Weltkriege. Im Falle eines Weltuntergangs muss die Bahn den vollen Fahrpreis inklusive Reservierungsgebühren zurückerstatten und für einen sicheren Rücktransport nach Hause sorgen. Ähnliches gilt für eine Invasion aus dem All. Der Bahnchef protestierte und wies darauf hin, dass sein Unternehmen schon mehrfach eine Übernahme der Erde durch Extraterristen verhindern konnte, da auch die höchstentwickelten Außerirdischen bisher am Fahrkartenautomat der Bahn gescheitert sind.

* * *

Alle Jahre wieder räumt der Bahnchef Defizite im Umgang mit dem Winterwetter ein. Man sei zwar besser als im Vorjahr für den Winter gerüstet gewesen, heißt es dann gern, aber es gebe nichts zu beschönigen. Kritiker bemängeln zuverlässig, das sei mal wieder typisch, die Bahn habe noch nicht mal genug Mittel, um etwas zu beschönigen. Deshalb kündigt der Bahnchef milliardenschwere Investitionen an. Schon die übernächste ICE-Generation soll mit doppelter Lichtgeschwindigkeit unterwegs sein. Dadurch sei es erstmals möglich, dass Fahrgäste früher ankommen, als sie losgefahren sind. Der Fahrpreis könne trotzdem nicht zurückerstattet werden. Es sei daran gedacht, das deutsche Schienennetz in der Winterzeit zu überdachen. Man wolle auch die Mitarbeiter besser auf den Winter vorbereiten. Sie sollen sich Lehrfilme wie «Die weiße Hölle vom Piz Palü», «Fargo» oder «Herrn Lutzens Gespür für Schnee» anschauen. Vor allem will man sich bessere Entschuldigungen ausdenken. Vereiste Oberleitungen oder festgefrorene Weichen und Signale langweilten die Fahrgäste. Schließlich verspricht der Bahnchef, demnächst werde man auch mal einen ICE wegen dioxinverseuchter Schienen anhalten lassen.

* * *

Schon vor Corona erhielt die Bahn Zuwendungen in drei- oder vierstelliger Milliardenhöhe. Grundlage dafür war das jetzt schon legendäre Klimapaket der Bundesregierung, das für die

Deutsche Bahn eine wichtige Rolle bei der Weltrettung vorsah. Das Problem: Die Bahn konnte das Geld nicht sinnvoll ausgeben, jedenfalls nicht sofort. Deshalb wurden die Billionen in kleine Scheine gewechselt und in einen Zug gepackt, der quer durch Deutschland fuhr. Alle zwanzig Kilometer hielt der Zug an und das geschulte Fachpersonal warf so lange Geldbündel raus, bis jemand Stopp sagte. Diese Methode schien auf jeden Fall erfolgversprechender, als das Geld einfach in der Unternehmenszentrale zum Fenster raus zu werfen, obwohl auch dieses Verfahren erprobt wurde. Eurobanknoten sind aufgrund ihres Holzanteils in der Lage, eine gewisse Menge an CO_2 zu binden, und je höher der Geldwert, desto mehr CO_2 wird gebunden, deshalb macht es Sinn, sie in der Natur zu verteilen. Tauscht man die Scheine in Münzen um, könnte man damit sogar die Baugrube am Stuttgarter Bahnhof wieder auffüllen.

* * *

Seit vielen Jahren frage ich mich, wie ich unsere Unternehmer unterstützen könnte. Zwischenzeitig hatte die Bahn einen genialen Weg gefunden. Sie beteiligte sich im Namen des Klimaschutzes zur Hälfte an jeder Bahncard 100, die ein Unternehmen für seine Mitarbeiter kaufte. Das hieß, die Bahn leitete meine Steuergelder direkt an diese Unternehmen weiter. Ich kaufe regelmäßig die Bahncard 100 zum vollen Preis und sitze stolz in immer voller werdenden Zügen zwischen glücklichen Menschen, die für lächerliche Summen, die niemals kostendeckend sein können, quer durch Deutschland fahren. Mich begeistert seit Jahren diese Politik der Bahn, den Bürgern die Tickets hinterherzuwerfen. Jetzt reichte der Staatsbetrieb das ihm anvertraute Geld endlich auch direkt an Unternehmen weiter. Dieser neue Sparpreis nannte sich «Glasgow Commitment». Ich glaube, ich spreche im Namen aller

Bahncard-100-Kunden, wenn ich sage, dass wir gerne noch mehr helfen würden. Wenn man uns die entsprechenden Kontonummern mitteilt, überweisen wir das Geld direkt an die Unternehmen und sparen der Bahn immense Verwaltungskosten.

* * *

Immer wieder fragen sich viele Menschen beklommen, ob eigentlich der letzte Streik der GdL überhaupt schon beendet ist, da fängt bereits der nächste an. Die Szenerie ist hierzulande nicht ganz unbekannt: Ein Mann mit markantem Oberlippenbart kämpft gegen den Rest der Welt, weil er glaubt, dass er recht hat. Alle, wirklich alle, finden Weselskys Krieg gegen die tapfere Bahn sinnlos, maßlos und unangemessen, und das deutet allerdings darauf hin, dass diese Ausstände durchaus ihre Berechtigung haben könnten. Also wieder Hunderte Stunden Bahnstreik. Das sind sehr viele Stunden, an denen man nicht Bahn fahren kann. Am Ende wird unser Land in die Steinzeit gestreikt worden sein. Die Wirtschaft verliert Billionen, der Bahn entgehen Milliarden, und Millionen Töchter und Söhne können ihre Mütter am Muttertag nicht besuchen und ihr Mon Chéri schenken, und das nur, weil Weselsky es so will. Bald kommt das Ganze als Hollywood-Blockbuster in unsere Kinos: «WESELSKY – Der Tag, an dem die Erde stillstand».

* * *

Dabei gilt für alle GdL-Streiks: Insgeheim wünscht sich die Mehrheit der Reisenden, dass der Tarifkonflikt nicht allzu schnell beendet wird. Viele schätzen das Gefühl der Ungewissheit beim Reisen und wollen nicht mehr darauf verzichten. In unserer durchorganisierten und durchgetakteten Welt wird das Bahnreisen noch als echtes Abenteuer empfunden. Der Bahnfahrer kann und darf sich auf nichts verlassen. Das schärft die Sinne und hält jung. Untersuchungen haben ergeben, dass Bahnreisende seltener an Demenz erkranken und im Durchschnitt eine zehn Jahre höhere Lebenserwartung haben. Der Tod tritt einfach mit großer Verspätung ein, in einigen Fällen kann er sogar komplett ausfallen.

Paula Irmschler
Bestiarium des Bahnfahrens

Das Gleispärchen

Ich glotze kopfleer aus dem Fenster. Wir sind in Hamm oder Hannover, einer dieser H-Städte irgendwo in diesem Land, wo man eine Weile Aufenthalt hat. Seit ich nicht mehr rauche, habe ich mehr Zeit, in diesen Fällen aus dem Fenster zu schauen und über die Menschen nachzudenken, die ich da sehe. Zu viel Zeit. Am gegenüberliegenden Gleis warten die Leute auf einen Zug, ganz normales Verhalten an einem Bahnhof. Und da ist auch schon das normale Gleispärchen, das wir alle kennen, dessen Teil wir sogar selbst schon waren, das sich voneinander verabschieden muss. Es ist nicht schön. Schön ist Ankommen und Sich-in-die-Arme-Fallen, schön ist, überrascht zu sein, wie warm die andere Person ist, wie weich. Gleispärchenabschiede hingegen sind ein Fehler, den nur Paare in den ersten ein, zwei Jahren ihrer Beziehung machen. Es läuft so ab, dass eine der beiden Personen am Morgen des Abschieds sagt: *Klar bringe ich dich noch zum Zug.* Und zwar, nachdem die andere Person vorher gesagt hat: *Das musst du echt nicht machen.* Aber es wird einander noch nicht geglaubt, dass man es echt nicht machen soll, man glaubt, dass die wegfahrende Person später traurig allein am Gleis stehen und sich wünschen wird, das andere Pärchenteil wäre doch mitgekommen. Vielleicht war es sogar ein Test. Ein Liebst-du-mich-genug-Test. Grauenhaft. Aber das Schlimmste kommt erst noch.

Bereits auf der Fahrt mit dem ÖPNV zum Bahnhof hat man alles besprochen. Man ist innerlich schon wieder allein, emotional schon nicht mehr im gleichen Raum. Jetzt steht aber noch der offizielle Abschied an, der einfach nur noch unangenehm ist. Aber nicht, weil es so traurig wäre. Der traurige Moment war ja der nach dem Aufstehen, der Heute-musst-du-wegfahren-Moment. Jetzt geht es nur noch darum, es hinter sich zu bringen.

Also steht man am Bahnhof. *Na Mensch. Da sind wir. Ja. Jetzt heißt es verabschieden. Traurig. Ja, einfach traurig. Vorhin lagen wir noch im Bett. Jetzt stehen wir hier ... Kuss! Hihi! Na dann. Kuss. Ja, Kusskuss-kuss!!!*

Man weiß nicht, was man noch sagen soll, also geht es weiter: *Doppelkuss. Der Zug kommt erst in sieben Minuten. Joa. Also dann, ne. Schön, dass du noch bleibst. Sieben Minuten. Schau mal, die blöde Werbung. Kuss. Hab dich lieb. Ja, ich dich ja auch. Wann kommt denn endlich der Zug? Ja, aber so haben wir noch etwas Zeit ... Ja ... Hast du wirklich alles? Ja ... Gut. Bei dir wird's ja heute stressig ... Genau. Kuss. Grüß mal alle lieb. Sowieso. Na dann. Oh, der Zug hat fünfzehn Minuten Verspätung ... Kuss. Kannst auch schon gehen, ne, kein Problem. Nee du, ich bleibe natürlich. Ja, toll. Kussssssss. Oh, jetzt sind es schon zwanzig Minuten.*

Es geht so lange weiter, bis eine der beiden Personen das Handtuch wirft, komplett durchdreht und nach sofortiger Trennung verlangt. Glaube ich. Wir haben längst den Bahnhof verlassen. Raus aus Hannover oder Hamm.

Der tolle Nerd

Selten, aber es kommt vor: Eine ganze Klasse hat den ICE betreten. Wohlstand, ick hör dir trapsen. *Wessis*, denke ich. Sie fahren einfach mit dem ICE ins Schullandheim. Nicht wie wir damals mit der Bimmelbahn, zwei hart gekochten Eiern, einer Käseschnitte, einem ungeschnittenen Apfel und gesüßtem Pfefferminztee. Nee, bei denen rascheln schon die ersten McDonald's-Tüten, da fliegen schon die Knoppers-Riegel-Verpackungen durch die Gegend, da packen die Gesunden die Bowls aus und öffnen die To-go-Smoothies mit den lustigen Sprüchen drauf.

Natürlich können nicht alle Kids zusammensitzen und auch nicht -stehen, deswegen müssen sich alle irgendwo dazusetzen. Ich bekomme den, den man früher «Nerd» genannt hätte. Den Computertyp. Wobei heute ja alle Teenies Computertypen sind, aber dieser ist selbst für seine Generation besonders involviert. Er setzt sich gegenüber von mir und packt fünf (5) Handys aus, die er übereinanderstapelt, und einen unnötig großen Laptop. Dazu kommt noch eine Dockingstation.

Als Nächstes will er eine Tasche verstauen, und zwar genau da, wo meine Beine sind. Respektlose Jugend, natürlich. Das finde ich grundsätzlich gut, aber ich habe nun mal Beine, was soll ich machen? Er bemerkt «einen Widerstand» und fragt, ob er die Tasche dort hinstellen kann, und ich spreche es nun aus, er muss es erfahren: *Nein, denn da sind meine Beine.* Ich weise ihn außerdem darauf hin, dass es oben eine Gepäckablage gibt und dass neben ihm ja auch noch Platz sei. *Es ist was Wichtiges*, sagt er darauf, stellt die Tasche dann aber doch neben sich. Die anderen Kinder quasseln, zeigen sich TikToks, knutschen, ziehen sich an den Haaren, das übliche Zeug. Und mein Nerdkind sitzt da und geht seine Handys durch. Eins nach dem anderen. Ich inspiziere die Laptoprückseite. Ein Sticker gegen Nazis, einer gegen Fake News, das Logo meines liebsten Energydrinks. *The kid is alright.*

Ich hacke mir die Beine ab. Wir setzen uns beide unnötig große Kopfhörer auf, und die Stunden gehen ins Land.

Der Verdächtige

Ein mir bekanntes Luxusproblem: Der Zug ist relativ leer, sodass man eine große Auswahl an Sitzplätzen hat und deswegen übertrieben lange durch die Wagen läuft, auf der Suche nach dem perfekten Platz, dem einen. Es gibt natürlich die klassische Wahl: Fenster oder Gang. Am Fenster ist gut Weinen, am Gang ist man schneller auf dem Klo. Aber es gibt noch so viel mehr zu entscheiden. Bordrestaurant? Achtung: Da gibt's keine Steckdosen. Bahn-Comfort-Plätze? Achtung, da sagen einem manchmal wildfremde Männer, man dürfe da gar nicht sitzen, ungeachtet, ob man da sitzen darf oder nicht, sie tun es einfach. Dann gibt es noch die gute alte Wahl zwischen Großraum oder Abteil, Ruhe- oder Familienbereich ... Manche entscheiden auch nach möglicher Zerquetschungsgefahr bei einer Kollision. Wirklich wahr.

Worauf ich hinauswill: Ich habe mich einmal ganz vorn hingesetzt, da in die dunkle Höhle bei der Fahrerkabine, die es in bestimmten ICEs gibt, manche kennen sie. Irgendwann kam ein Typ dahin, obwohl der Zug schon seit ein paar Minuten unterwegs war. Vermutlich war er auf der Suche nach dem perfekten Platz. Aber warum dann zu mir, hallo, der ganze Sinn beim perfekten Platz im leeren Zug ist doch, dass niemand in der Nähe ist, was sollte das denn? Er legte dann auch noch auf den Zweier neben mir, obwohl in dem Bereich noch andere Plätze frei gewesen wären, hinter mir, noch weiter hinter mir und so weiter, einen besonders sackigen Rucksack. So einen Rucksack, wie ihn Leute haben, die sich nicht sehr um Gepäck scheren. Die einfach alles gedankenlos irgendwo reinschmeißen. Er haute den Sack also hin, guckte nervös, ging wieder weg ...

Da lag er nun, der Sack. Okay, dachte ich, der Typ ist bestimmt aufs Klo und hat sich schon mal diesen rar gesäten leeren Platz sichern wollen. Also, wenn «rar gesät» bedeutet, es gibt noch total viele freie Plätze. Er kam wieder und machte nun nervös an dem Rucksacksack rum. Dann war er wieder weg. Nun wurde mir etwas komisch, ich war übermüdet und hatte zuletzt viele Filme gesehen. Deswegen wurde mir sofort klar: Es liegt eine Bombe neben mir. Ich fragte mich, ob ich das, woran ich arbeitete, noch fertig machen oder direkt ans andere Ende des Zuges flüchten sollte, wo er ja selbst auch sein könnte, und das vielleicht auch noch mit einer Waffe. Und vielleicht würde die Bombe überhaupt erst durch mein Aufstehen aktiviert werden (Bewegungssensor)? Sollte ich also einfach sitzen bleiben bis mindestens München, wo der Zug endete, und damit alle retten? Oder wäre es am Ende gut, dass – falls sie einfach so losginge (Zeitschalter) – ich schneller dahingerafft würde als andere (ich müsste nicht lange leiden)?

Ich steigerte mich komplett rein, wie jeder normale Mensch es tun würde, und stand schließlich auf, um einen anderen der zahlreich vorhandenen freien Plätze zu beziehen. Da lief der Mann plötzlich an mir vorbei und hatte einen Kaffee in der Hand. Witzig, er war nur im Bordrestaurant. Vielleicht war aber auch Gift in dem Becher, das er mir ins Gesicht ...

Ich schlief dann endlich ein.

Der Presseheini

Ein Presseheini sitzt in der Nähe und will, dass alle im Zug wissen, dass er ein Presseheini ist. Deswegen redet er sehr laut über seine Presseheinisachen. Er sieht aus wie einer, der sich ärgert, dass er nicht in der 1. Klasse sitzt. Es stünde ihm eigentlich zu, aber der Verlag oder die Redaktionsassistenz hat etwas bei der Buchung versaubeutelt. Er ist geschäftig und liest ein Buch, indem er es immer wieder hinlegt, er hat dafür eigentlich leider keine Zeit. Die

Onliner haben irgendwas falsch gemacht, Seite eins, *könnt ihr da bitte noch mal gucken?* Er hat politische Meinungen zur vorbeiziehenden Landschaft, etwas ist ein *Eingriff in die Natur*, seine Beine sind ausgestreckt bis ins nächste Abteil, beim Reden dreht er seinen Kopf, damit alle einen Teil abbekommen. Presseheinispucke. Er sagt einfach irgendeinen Satz zu steigenden Strom- und Gaspreisen, bestehend aus wichtig klingenden Wörtern. Er muss sein Handy irgendwo laden, er muss was in seine Freitag-Tasche stecken, er hat eine SMS von einem Pressevertreter bekommen, er muss jetzt telefonieren. *Ja, ich habe Ihre SMS bekommen,* ruft er uns allen zu, meint aber die Person am Telefon. Seine Frau hat sich längst weggedreht, er hat es nicht bemerkt. Ich glaube, sie ist nicht von der Presse. Kurz ist jetzt Ruhe. Doch dann stellt sich heraus: Er hat Tastentöne. T a s t e n t ö n e.

Was nun geschieht, erfahrt ihr morgen in der Zeitung.

Die Linke und die Rechte

Im Zug Richtung Zwickau sitzen zwei Mädchen. Nicht zusammen, sondern eine in der linken Reihe, eine in der rechten Reihe. Offenbar sind sie bis vor Kurzem auf dieselbe Schule gegangen, das zumindest verrät ihr Gespräch. Aber sie waren wohl nicht befreundet, sonst säßen sie ja zusammen und würden sich nicht darüber unterhalten, was denn aus dem oder der geworden ist und mit wem man denn noch so zu tun hat. Miteinander ja offenbar nicht. Martin P. hat das Abi zum Beispiel nicht geschafft, ein anderer war schon lange *abgegangen*. Sie klopfen sich darüber ab, wie denn das Leben seit dem Abi gelaufen ist. Es ist total süß.

Es scheint so zu sein, dass sie damals in unterschiedlichen Freundeskreisen waren und sich jetzt, im Zug nach Zwickau, auf ganz neue Art kennenlernen. Die Linke hat Bio und Geo im Abi belegt, erzählt sie, *OMG*, sagt dazu die Rechte. Die Rechte studiert jetzt nämlich Bio in Potsdam. Und Geo hat sie dort auch gehabt. Naturwissenschaften mochte sie in der Schule noch gar nicht, findet sie aber jetzt total cool. Das Studium sei ein neuer Start, niemand habe Vorurteile, man lerne ganz einfach neue Leute kennen. Am Anfang sei es, klar, schwer gewesen, aber dann bald ganz leicht. Zweimal im Monat fahre sie nach Hause, ansonsten nach Berlin ab und zu, alles supi, juhu, neues Leben.

Die Linke allerdings ist traurig. Sie vermisst die Schulzeit, sehnt sich zurück. Sie glaubt, sie ist die Einzige, die noch zu Hause wohnt und eine Ausbildung macht. Ihre Stimme wird richtig seufzig, sie sagt: *Ich bin einfach nicht der Mensch, der auf andere zugehen kann …*

Doch dann quatschen sie einfach weiter über ihre langweiligen Leistungskurse und das Studium. *Bio und Geo waren so gut als Leistungskurse. – Ja, voll.*

Bio und Geo. Bio und Geo. Der Gang zwischen ihnen löst sich auf, sodass sie nun endlich nebeneinandersitzen. In einer gerechten Welt sind die beiden heute fest zusammen und Deutschlands süßestes Gleispärchen.

Lea Streisand
Der Witz und seine Beziehung zur Deutschen Bahn

Es gibt diesen alten DDR-Witz: Was sind die vier Hauptfeinde des Sozialismus? Ganz klar: Frühling, Sommer, Herbst und Winter.

Diesen Text widme ich meiner Mutter, die gerade jetzt, da ich dies schreibe, in einem IC sitzt, der am Berliner Hauptbahnhof auf Gleis 13 steht, von wo er vor vierzig Minuten eigentlich hätte abfahren sollen. Es ist der IC von Berlin Ostbahnhof nach Amsterdam. Der Zug ist erst eine Station gefahren und hat schon vierzig Minuten Verspätung.

Gestern Nachmittag, es ist November, saßen wir noch bei meiner Mutter, tranken Tee und verzehrten die ersten Pfefferkuchen.

«Wenn bloß keine Schneeflocke auf die Schienen fällt!», sagte meine Mutter und schaute besorgt zum Fenster hinaus, wo ganz langsam ein paar einzelne weiße Flöckchen wie Federn sich auf die immer noch in voller Blüte stehenden Margeriten auf dem Balkon niedersenkten.

«Gestern war der Klempner da», erzählte meine Mutter, «mit dem hab ich mir die ganze Zeit DDR-Witze erzählt. Zum Beispiel den: Treffen sich zwei Schneeflocken im Himmel. Sagt die eine: Wo fliegst du denn hin? Sagt die andere: Nach Österreich. Da lege ich mich auf die Berge und mache, dass die Menschen Skifahren können. Und wo fliegst du hin? Sagt die erste: Ich fliege in die DDR und stürze das Land ins Chaos.»

Seit fünfzehn Jahren fährt meine Mutter mit dem IC zur Arbeit, jede Woche Montag fünf Stunden hin und jeden Freitag fünf Stunden zurück. IC ist die schlimmste Sorte Zug, die man sich vorstellen kann. Sagt meine Mutter. Im Sommer funktioniert die Klimaanlage nicht, im Winter fällt die Heizung aus, es gibt weder Ruheabteile noch Speisewagen, und es riecht in allen Abteilen nach Bahnhofskneipe. Meine Mutter ist der Meinung, der Intercity der Deutschen Bahn ist die Fortsetzung der DDR mit anderen Mitteln. Zumindest haben beide dieselben vier Hauptfeinde: Frühling, Sommer, Herbst und Winter.

Wobei mein Mann, unser Sohn und ich auch in Regionalzügen und im Intercity-Express schon viel Schönes erlebt haben.

Als mein Sohn geboren wurde, hatte ich mich kurz zuvor leichtsinnigerweise um ein Literaturstipendium beworben. Im Schwarzwald, Baden-Württemberg. Ich wollte ausprobieren, wie man Bewerbungen schreibt. Ich konnte doch nicht ahnen, dass sie mich wirklich nehmen. Und dann kam die Zusage. Wir waren gerade mit dem vier Wochen alten Säugling spazieren, eine Runde um den Block, weiter trauten wir uns von zu Hause mit dem Baby nicht weg, als ich die Nachricht bekam. Mein Mann und ich hatten seit einem Monat nicht mehr richtig geschlafen, sondern abwechselnd wach gelegen und die Atemzüge unseres Sohnes gezählt, völlig panisch, das Glück, das uns zuteilgeworden war, könnte uns wieder genommen werden. Das Kind schlief jetzt friedlich in der Trage an der Brust meines Mannes, wenn er es nicht gerade mit dem Finger pikte, um zu überprüfen, ob es noch lebte. Wir waren völlig paranoid. Die Wucht der Gefühle für das Baby war noch neu für uns und eigentlich mehr, als wir ertragen konnten.

Mein Telefon summte. Unbekannte Nummer, Baden-Württemberg. Ich bin Berlinerin der vierten Generation, ich kenne niemanden in Baden-Württemberg. Das konnte nur eins bedeuten. Ich sah meinen Mann an. Er überprüfte das Sonnensegel an der Babytrage.

Auweia, dachte ich und drückte den Anruf weg.

«Du, Schätzchen», wand ich mich an den Kindsvater. Er versuchte, eine Fliege in der Luft zu erschlagen, die gewagt hatte, sich dem Kind auf seines Vaters Armeslänge zu nähern. «Schätzchen», sagte ich, «ich muss dir was sagen.» Er war in Elternzeit, ich sollte weiterarbeiten.

«Auf keinen Fall», sagte er, nachdem ich ihm den Sachverhalt geschildert hatte. «Du kannst mich hier nicht mit dem Baby drei Monate allein lassen. Das geht nicht.»

«Das geht nicht», bestätigte ich, «aber ihr könntet mitkommen. Drei Monate bezahlter Urlaub in einem Haus im Schwarzwald.»

Es war ein sehr lustiger Rückruf bei der Stipendienvergabestelle. «Ja, hallo, hier ist Lea Streisand, vielen Dank für das Stipendium, ich fühle mich sehr geehrt, aber ich muss Ihnen was sagen: Ich habe ein Kind bekommen. Gibt es in der Unterkunft Platz für ein Babybett?»

Und so kam es, dass mein Sohn in den ersten Monaten seines Lebens häufiger Zug gefahren ist als mein Schwiegervater in den letzten zehn Jahren. Das Kleinkindabteil wurde uns zur zweiten Heimat. Und als die drei Monate um waren, konnte das Baby nur noch schlafen, wenn es gerüttelt wurde.

Auf unserer Antrittsreise war es im Kleinkindabteil so kalt, dass ich dem Baby sämtliche Kleidung anzog, die wir dabeihatten. Mit uns im Abteil waren Eltern mit einem Zweijährigen, der andauernd schrie, weswegen wir die meiste Zeit der siebenstündigen Fahrt mit dem Baby auf dem Arm im Gang stehend verbrachten. Als unser Sohn endlich schlief, fiel uns auf, dass wir ihn nirgendwo ablegen konnten. Es gibt nämlich in den Kleinkindabteilen der Deutschen Bahn keinen Platz für Kinderwagen. Das wurde offensichtlich vergessen. Vielleicht dachten die Hersteller: «Babys sind klein, die passen in die Gepäckablage und nehmen keinen Platz weg.»

Ja, Freunde, die Babys vielleicht nicht, aber das ganze Zeug, das man braucht, um sie am Leben zu halten, das nimmt sehr wohl Platz weg.

Als ich mich mit dem schlafenden Säugling im Kinderwagen auf einen der harten Klappsitze bei den unbesetzten Rollstuhlstellplätzen in einem Waggon der fast leeren 1. Klasse niederlassen wollte, kam echt so eine biestige Zugbegleiterin und verwies mich des Abteils. Ich musste das Baby wieder aus dem Wagen nehmen und den Wagen zusammenklappen, wobei das Kind erwachte, um dann den Rest der Fahrt aus vollem Halse zu schreien. Mein Mann und ich standen mit dem Säugling im Arm immer wieder direkt vor dem Schaffnerabteil, und jedes Mal, wenn die Zugbegleiterin ihr Abteil verließ, zischte ich: «Vielen Dank noch mal!»

Anderthalb Jahre später, Anfang Februar 2020, waren wir Bahnprofis.

Mein Schwiegervater lebt in Flensburg. Das sind auch ein paar Meter Schiene von Berlin aus. Regionalzug und ICE. Flensburg ist die nördlichste Stadt Deutschlands und gehört schon fast zu Dänemark. Zumindest aus Sicht der Dänen. Aus Sicht meines Schwiegervaters können die Dänen nicht mal Auto fahren.

Er hatte Geburtstag gefeiert. Schwiegervater. Den Achtzigsten. Nun waren wir auf dem Weg nach Hause. Ein Wochenende mit viel Fisch, viel Familie und vielen belanglosen Gesprächen lag hinter uns. Schwiegervater hat dreizehn Geschwister. Ich war mir das halbe Wochenende vorgekommen wie in einem Déjà-vu-Loop gefangen, weil sich die Tanten und Onkel meines Mannes alle so ähnlich sehen und auch alle etwa dieselben Sätze sagten: «Oh, so ein süßer Junge! Wie alt ist er denn jetzt? Geht er schon in die Kita? Und du arbeitest schon wieder? Ach, der Mann hat die Elternzeit genommen? Na, das wäre zu unserer Zeit gar nicht möglich gewesen. Was arbeitest du noch mal?»

Nun saßen wir im RE nach Hamburg. Vertrautes Terrain. Vertraute Geräusche. Das Rattern der Schienen, das Rauschen der Zugtoilettenspülung. Wir entspannten uns.

Plötzlich dröhnte eine männliche Stimme aus den Lautsprechern: «Störung! Störung!» Dringlich, alarmierend und automatisch. Als würde der Zug selbst um Hilfe rufen. Mein Mann, der schon fast eingeschlafen war, fuhr in seinem Sitz hoch, dem Kleinkind fiel vor Überraschung der Schnuller aus dem Mund. Ich hob den Sauger ungerührt auf und steckte ihn dem Kind wieder in den Mund. Mein Sohn war längst resistent gegen sämtliche Keime, die sich auf Haltestangen, Oberflächen, Fensterscheiben und Fußböden in den Zügen der Deutschen Bahn finden lassen. Er hatte sie alle abgeleckt. Wahrscheinlich hatten wir auch deshalb bis heute kein Corona, weil am bahngestärkten Immunsystem meines Superheldensohnes sogar das SARS-CoV-2-Virus zerschellt.

«Störung! Störung!», rief der Lautsprecher wieder. Die Lautsprecheranlage war, wie wir später erfuhren, schon seit mindestens zwei Monaten kaputt. Statt der Stationsansagen tönten die Worte in regelmäßigen Abständen durch den Regionalzug. Es verlieh der Fahrt einen gewissen therapeutischen Effekt.

«Das war ein schönes Wochenende», sagte ich, auch als Ausdruck meiner Erleichterung, die Zusammenkunft mit der Großfamilie meines Mannes für dieses Jahr hinter mich gebracht zu haben.

«Störung, Störung», rief der Lautsprecher.

Mein Mann war mit dem Kopf unterm Kinderwagen verschwunden.

«Wo sind denn die Lätzchen?», rief er. Das Kleinkind gluckste.

«In der Wickeltasche», sagte ich.

Der Kopf meines Mannes tauchte wieder auf. «Wieso in der Wickeltasche? Die Lätzchen gehören zu den Gläschen!»

«Störung, Störung», rief der Lautsprecher.

Mein Sohn quietschte vor Vergnügen.

Außer uns war nur eine dänische Familie im Wagen. Eltern mit Zwillingen, Simon und Silas, sie waren noch klein, konnten aber bereits laufen. Deshalb schrien die Eltern nicht nur sich gegenseitig an wie wir, sondern auch ihre Kinder. «Silas, stop!», riefen sie, «Simon, kom her!» und «I sidder begge på jeres balder nu! Jeg er trät af det», was so viel hieß wie: «Ihr setzt euch jetzt beide sofort auf eure Hintern, sonst knallt's!»

Das Tolle an der dänischen Sprache ist ja, dass auch Erwachsene immer klingen, als hätten sie beim Sprechen einen Schnuller im Mund. Ich habe das mal studiert. Skandinavistik. Lange her.

«Störung, Störung», rief der Lautsprecher.

Beim Umsteigen in Hamburg begann es zu regnen. Nur Anfänger steigen am Hamburger Hauptbahnhof um, wir wechseln immer Hamburg Dammtor. Breiterer Bahnsteig, weniger Fahrgäste, und man hat nicht sofort beim Aussteigen Todesangst, aus Versehen rückwärts auf die Gleise geschubst zu werden. Vor zehn Jahren oder so bin ich das letzte Mal am Hauptbahnhof der Hansestadt vom ICE in den RE umgestiegen, da hatte ich mitten auf der Rolltreppe so eine heftige Panikattacke, dass wir den Anschluss verpassten und eine Bahn später nehmen mussten. Der Bahnhof ist zu klein. 1906 wurde er in Betrieb genommen, da hatte Hamburg 830 000 Einwohner. Heute sind es eine Million mehr. Seit 2008 gilt der Bahnhof offiziell als überlastet. In dem Jahr bin ich mit meinem Mann zusammengekommen. Wahrscheinlich bin ich der eine Tropfen, der das Fass damals zum Überlaufen brachte. Und dann haben wir auch noch ein Kind bekommen ...

Der Hamburger Hauptbahnhof ist mit 550 000 Reisenden pro Tag der meistfrequentierte Bahnhof Deutschlands, nach dem Pariser Gare du Nord der meistfrequentierte Europas! Ditt kleene Teil! Das muss man sich mal vorstellen. Die Bahnsteige sind schmal wie Handtücher, auf den Treppen verkeilen sich die Rollen der Koffer, wenn ankommende und abreisende Fahrgäste aneinander vorbeihasten. Oben auf den Querverbindungen zwischen den Gleisen ist so wenig Platz, dass man den entgegen- und vorbeieilenden Menschenmassen nicht ausweichen kann und deshalb stehen bleiben muss, um sich zu orientieren, was zu einem Rückstau der nachdrängenden Personen führt, weswegen diejenigen, die einen Zug kriegen wollen, keine Chance haben, überhaupt hinunter aufs Gleis zu kommen. Erwähnte ich, dass ich eine Gehbehinderung habe? Geschubst zu werden ist meine größte Angst. Ich verabscheue Menschenmassen. Mein erster Gedanke ist immer: Wenn die losrennen, liege ich unten.

Umso mehr habe ich mich natürlich gefreut, als der Berliner Hauptbahnhof eröffnet wurde. Endlich ein neuer Bahnhof, dachte ich, einer, der den Anforderungen an das schienengeleitete Personentransportwesen des 21. Jahrhunderts gerecht wird.

Aber haben Sie die Bahnsteige der oberen Ebene gesehen? Dagegen ist jeder Hamburger Bahnsteig ein halbes Flugfeld. Sie haben nämlich Löcher in die Bahnsteige gemacht. Riesige bodenlose Löcher, die die Hälfte der Fläche wieder wegnehmen. Sieht jut aus, kann man nicht meckern, aber es ist so ziemlich die bekloppteste Idee, die Berlin je hatte, seit sie mal eben den Flughafen umbauen wollten. Was dachten sich die Verantwortlichen? Werden schon nicht so viele Fahrgäste werden? Die ICEs fahren im Minutentakt, aber Berlin braucht keinen Platz auf'm Bahnsteig, weil die können sich ja dann einfach gleich nach Hause beamen. Runterspringen durch die Löcher im Boden. Sich an herabhängenden Stromkabeln von Bahnsteig zu Bahnsteig hangeln.

Ich wollte von unserer Heimfahrt erzählen. Jedenfalls. Umsteigen in Hamburg Dammtor. Regen.

Egal, dachten wir. Endlich wieder ICE.

Kleinkindabteil.

Wir hatten ein Jahr zuvor schon überlegt, ob wir unser Berliner Kitaplatzproblem vielleicht dadurch gelöst kriegen, dass wir das Kind einfach morgens in den ICE Sprinter nach München setzen und dann abends, wenn der Zug zurück in Berlin ist, wieder abholen. Kleinkinder fahren schließlich kostenlos, Betreuung durch andere Eltern und Zugpersonal wäre gewährleistet, Kontakt zu anderen Kindern hätte es reichlich, und mit den Krümeln unter den Sitzen wäre auch für eine ausgewogene Ernährung gesorgt.

Also Hamburg Dammtor. Vor den Fenstern typisch norddeutsches Schietwetter.

Das Kind hatte mittlerweile wahnsinnig schlechte Laune. Es war hungrig, müde und wollte sich endlich bewegen.

Und dann erklärte mir mein Angetrauter, er habe diesmal leider keine Reservierung fürs Kleinkindabteil bekommen und deshalb vier Plätze in der 2. Klasse nehmen müssen, um Kinderwagen, Koffer, Kind und uns zu verstauen. Ich fing schon auf dem Bahnsteig an zu heulen vor Stress, der Angetraute machte sich Vorwürfe, und als wir endlich auf unseren Plätzen saßen, versuchte das nörgelnde Kleinkind, unter den Sitz zu rutschen. Die Fahrgäste auf den umliegenden Sitzplätzen verdrehten die Augen. Ein Business-Hipster stülpte demonstrativ seine Noise-Cancelling-Kopfhörer über. Wir waren der wahr gewordene Albtraum des Großraumwagens.

Die Schaffnerin erschien. Kein Hals, großes Herz, milder Blick und leichtes Thüringisch. Es war nichts Hartes an ihr.

«Is im Kleinkindabteil kein Platz?», erkundigte sie sich freundlich.

«Ich konnte online nichts reservieren», sagte mein Mann, «war alles ausgebucht.»

«Die Tür war zu», erläuterte er, «alle Plätze reserviert.»

«Isch glob, da is keina», meinte die Schaffnerin, während sie unsere Fahrkarten scannte. «Ich kann gleich ma für Sie gucken gehen.»

Vor Dankbarkeit wäre ich fast wieder in Tränen ausgebrochen.

«Kommen Sie», rief die Schaffnerin, als sie zurückkam. «Das Kleinkindabteil ist leer.» Der ganze Großraumwagen atmete erleichtert auf.

Es war ein Gefühl wie Nach-Hause-Kommen, als wir die Tür des Kleinkindabteils hinter uns zuschoben. Diese Ruhe! Das Baby durfte krabbeln. Mein Mann ließ sich auf dem Boden nieder. Der Regen peitschte ans Fenster. Ich lehnte mich in meinem Sitz zurück. Es war fast gemütlich.

Mein Blick wanderte zur Decke. Was war denn das? Da klemmten Servietten in den Ritzen der Deckenverkleidung. Nasse Servietten. Von denen es auf den Boden und den Tisch tropfte. Das war der Grund, warum das Abteil unbesetzt geblieben war. Das Baby hatte bereits einen nassen Hosenboden. Von außen.

Die Abteiltür schwang auf. «Und? Geht's gut?», erkundigte sich die Schaffnerin unserer Herzen.

«Viel besser», sagten wir. «Aber es regnet von der Decke.»

«Ach, hier auch?», rief die Schaffnerin. «Wie im Speisewagen und in der 1. Klasse. Das Problem haben wir immer nur bei diesem feinen Regen. Der kommt durch alle Ritzen durch. Muss mit der Klimaanlage zu tun haben. Bei Starkregen klappt alles.»

«Was sind die vier Hauptfeinde des Sozialismus?», murmelte ich.

Die Schaffnerin erwiderte prompt: «Ganz klar: Frühling, Sommer, Herbst und Winter.»

Heute Morgen, fast drei Jahre später, war die Welt in Watte gepackt. Zehn Zentimeter Neuschnee.

Nachricht an meine Mutter: «Hast du genug zu essen eingepackt? Warme Kleidung? Thermoschlafsack?»

Sie schreibt umgehend zurück: «Zwei Stullen und ein hart gekochtes Ei.»

Ich mache mir trotzdem Sorgen. Für fünf Stunden Bahnfahrt würde das genügen. Aber es weiß ja keiner, wie lange so ein Zug heute braucht. Neulich saßen sechshundert Reisende zweiundzwanzig Stunden in einem IC, der eigentlich fünf Stunden hätte brauchen sollen. Die Lok kam wegen vereister Oberleitungen und Weichen nicht von der Stelle.

Erinnert mich an einen anderen DDR-Witz: Transsibirische Eisenbahn. Der Zug hält auf freier Strecke. «Was ist los?» – «Sie tauschen die Lok.» – «Gegen eine neue?» – «Nein, gegen Wodka.»

Vielleicht hätte Mutter lieber was Ordentliches zu trinken einpacken sollen!

Weite Welt und tiefste Provinz:

zum Vergleich

Steffen Kopetzky
Dal Makhni nach Eisenbahner Art

*Wenn ihr eure Türen allen Irrtümern
verschließt, schließt ihr die Wahrheit aus.*

Rabindranath Tagore

Denke ich an den Bahnhof Santa Maria Novella in Florenz, so
fallen mir der Geschmack und die unvergleichlich knusprig-zarte
Konsistenz der pudrig bestäubten, cremegefüllten Cannoncini
ein, die ich morgens nach getaner nächtlicher Arbeit als Schlafwagenschaffner in einem hauptsächlich von Eisenbahnern frequen-
tierten Café mit einer Tasse Cappuccino zu verspeisen pflegte. In
Ostende aß ich Moules frites, und in Neapel pflegte ich nach mit-
täglicher Ankunft in die Osteria «Triumfo» zu marschieren, um
eine doppelte Portion Mafaldine al Ricotta zu verschlingen.

Aber es gibt auch ein Gericht, das für mich unauflöslich mit einer
unvorhersehbar verlaufenen Reise mit der indischen Eisenbahn
zusammenhängt – und da ich gerade Appetit verspüre, auf den
Flügeln des Geschmacks, der Textur und des einzigartigen Aro-
mas dieser herrlichen vegetarischen Speise auf Reisen zu gehen,
will ich die Vorbereitungen treffen, es zuzubereiten: Dal Makhni
oder, wörtlich übersetzt, Butterlinsen. Es dürfte das über den
ganzen indischen Subkontinent am weitesten verbreitete Gericht
sein. Egal ob Hindu, Muslim, Sikh, Parse, Jude oder Armenier –
jede Familie, jedes Restaurant, jede Köchin und jeder Esser: Alle
kennen und machen Dal Makhni, und jeder anders. Ich habe es

Railway Style, nach Eisenbahner Art, kennengelernt – im indischen Zug. Es gehört zu meinem persönlichen Glück, dass ich inzwischen weiß, wie ich es nachkochen kann.

Am liebsten verwende ich eine bunte Mischung: braune Linsen, gelbe Linsen, sogenannte Toor Dal, rote Adzuki und grüne Mungbohnen – aber wichtig ist, auch einen Gutteil schwarzer Bohnen zu verwenden, wie sie etwa in einem Kali Dal Verwendung finden. Die schwarzen Bohnen stammen ursprünglich aus Südamerika, schmecken nussig und geben einen intensiven dunklen Farbton. Alle Hülsenfrüchte zusammen kommen über Nacht ins Wasser. Sollte uns morgens die Lust auf Dal Makhni überkommen, so reicht es auch noch für ein Abendessen, aber fünf, besser sechs Stunden sollten es schon sein – die selbst eingeweichten getrockneten Bohnen schmecken später einfach viel besser als solche aus der Dose.

Während der Einweichzeit kann ich rasch erzählen, auf welch abenteuerliche Weise ich dieses Gericht kennengelernt habe. Es war vor einigen Jahren, Mitte Dezember, der sich immer sehr angenehm auf das Klima in Kalkutta auswirkte. Wenn man als Europäer mit Jetlag den ganzen Tag in einem völlig unbekannten Universum unterwegs ist, tut man sich bei siebenundzwanzig Grad etwas leichter. Leider hat der Dezember auch klimatische Nachteile, aber dazu später mehr.

Ich war aus beruflichen Gründen für ein Bonner Kulturfestival unterwegs, um Künstler zu treffen und gegebenenfalls nach Deutschland einzuladen. Delhi, Jaipur und danach Mumbai hatte ich schon abgegrast, nun war ich an der Ostküste und seit einigen Tagen in Kolkata, jener Stadt, vor der ich zuvor am allermeisten Respekt gehabt hatte – wenn nicht sogar ein wenig Furcht. Noch aus Kindertagen schien der Name gleichbedeutend mit Moloch und Slum.

Da ich nicht zu meinem Vergnügen und im Grunde alleine unterwegs war und während der Reise möglichst nicht erkranken wollte, hatte ich mir selbst das Versprechen gegeben, kein Risiko einzugehen und nichts auf der Straße, von einem fahrenden Händler oder in einer sonstig irgendwo improvisierten Garstube oder einem Imbiss zu mir zu nehmen. Auch niemals offenes Wasser, egal in welcher Form, das war sowieso klar, und generell lieber hungern als außerhalb eines veritablen Restaurants essen. Den diversen Keimen des Subkontinents, speziell denen, die die Mündung des Hugli in Kalkutta zusammenpresste, wäre mein Immunsystem nicht gewachsen, so viel war klar. Wenn ich mich bei der Nahrungsaufnahme diszipliniert und beim Besuch öffentlicher Toiletten vorsichtig verhielt, sollte ich hoffentlich gut durchkommen.

Am letzten Tag meines Kalkutta-Aufenthaltes hatte ich von neun Uhr morgens an Termine gehabt und dann, am Nachmittag, zuletzt einen Vertreter der klassischen bengalischen Musiktradition der Baul-Musik getroffen. Der alte Herr, der wie alle etwa zwanzigtausend Vertreter dieser Tradition den Familiennamen «Baul» trug, war ein wahrer Patriarch, dessen zahlreiche Söhne sämtlich im internationalen Geschäft waren. Ursprünglich vom Land – wo immer noch die meisten dieser bengalisch-mystischen Musikerclans in einfachsten Verhältnissen lebten –, bewohnte er eine großzügige Neubauwohnung am Maidan, der so etwas wie der Central Park Kalkuttas ist. Er hatte ein ganzes Rudel amüsanter Schoßhunde, die sich gegenseitig durch das Appartement jagten. Wir vereinbarten, dass sein drittjüngster Sohn, welcher für die Familie Nordafrika und Europa bespielte, zu einem Konzert an den Rhein kommen sollte.

Die Rückfahrt mit dem Taxi zum Hotel dauerte beinahe eine Stunde, sodass ich schließlich, als ich am späten Nachmittag in meinem Hotel ankam, an nichts anderes mehr denken konnte als daran, eine heiße Dusche zu nehmen, frische Sachen anzuziehen und dann im Hotelrestaurant endlich etwas Warmes zu essen, einen gebackenen Barramundi aus dem Hugli River zum Beispiel, eine wirkliche Delikatesse.

Kaum hatte ich aber die Lobby des Hotels betreten, trat ein Concierge an mich heran. Das Büro in Bonn habe angerufen und auch ein paar Mails geschrieben.

«TAIFUN RICHTUNG TAMIL NADU – ALLE FLÜGE NACH CHENNAI GESTRICHEN – ROYAL-CHENNAI-FESTIVAL LÄUFT WEITER»

Das war jetzt eine halbe Katastrophe.

«Mitte Dezember, Sir! Da beginnt im Süden die Unwetter-Saison.»

«Ich muss aber übermorgen Abend in Chennai sein!»

«In diesem Fall müssen Sie den Howrah-Chennai-Express bekommen», gab mir der Portier unumwunden zu verstehen und wies einen Groom auf Bengali an, sofort ein Taxi vorfahren zu lassen.

«Ich soll mit dem Zug fahren? Das meinen Sie nicht ernst? Wie viele Kilometer sind das?»

«Etwa eintausenddreihundert, Sir.» Ich sah, wie er etwas auf einen Briefbogen des Hotels schrieb, das Blatt danach zweimal zusammenlegte und in einen Hotelbriefumschlag steckte. Er reichte ihn mir.

«Das zeigen Sie dem Taxifahrer, er arbeitet oft für uns. Er wird Ihnen helfen. Das Problem ist: Die Uhr drängt.»

«Wann geht denn der Zug?»

«Morgen, um null Uhr vierzig.»

«Das sind ja noch mehr als fünf Stunden.»

«Eben. Packen Sie schnell. Wir müssen Sie sofort rüber nach Howrah kriegen.»

Howrah-Junction ist der große Kopfbahnhof auf der anderen Seite des Hugli-Flusses und letztlich so etwas wie der Hauptbahnhof Kalkuttas. Howrah selbst ist eine eigene Millionenstadt, und verbunden sind die beiden Giganten mit einer enormen Stahlbrücke, die sich über den Hugli spannt und nach dem bengalischen Nationaldichter Tagore benannt ist.

Ich dachte an ihn, während das Taxi sich über die Brücke bewegte. So rasend schnell ich mein Zimmer geräumt hatte, so langsam ging es nun voran. Es geht einem im südlichen Großstadtverkehr ja oft so, dass man das Gefühl bekommt, man wäre zu Fuß schneller, was natürlich ein Trugschluss ist, weil man sein Ziel niemals erreichen würde. Meter für Meter schoben wir uns über die Brücke, überholt von Fahrrädern, Motorrädern, nervenaufreibend. Irgendwann sah ich dann die in kräftigem Karmesinrot strahlende schlossartige Fassade des Bahnhofs, der mich gleich aufnehmen würde – Howrah-Junction ist bekannt als einer der chaotischsten Orte von ganz Kalkutta, und das nicht nur, weil die Nahverkehrszüge nach Howrah gern dazu benutzt werden, um Leichname auf anständige Art zu entsorgen. Die indische Eisenbahn wird generell als ein Reinigungssystem angesehen, vergleichbar den Flüssen. Das ist auch einer der Gründe, warum indische Bahnhöfe als ein eigenes militärisches Gebiet ausgewiesen sind, in denen nicht die jeweiligen Eisenbahngesellschaften das Sagen haben, sondern die Bahnhofspolizei.

Der Taxifahrer schloss in der Nähe eines Seiteneingangs den Wagen ab und bahnte uns dann einen Weg zum Reservierungsbüro für die Schlafwagen. Es wird nicht überraschen, dass es unter den großen Eisenbahnsystemen der Welt, bei denen das indische allgemein an zweiter Stelle steht, kein einziges gibt, in dem es auch nur annähernd so viele Klassifizierungen, also Klassen, gäbe. Je nach Zählung kennt man dort fünfzehn bis siebzehn Klassen. Angesichts der Tatsache, dass ich weit mehr als einen

Tag im Howrah-Chennai-Express verbringen würde und es in den gewittrigen Süden ging, kam eigentlich nur First Class AC infrage, im indischen Eisenbahnerjargon 1A abgekürzt. Dahinter verbirgt sich nichts anderes als ein klimatisierter Schlafwagen mit Zweibettabteilen.

Auf dem Weg zum Reservierungsbüro mussten wir uns durch dichte Menschenmassen drängeln, die an den Schaltern für andere Fahrkarten anstanden. Als ich diese Traube von ineinandergeschobenen Leuten sah, die lediglich für ein Ticket anstanden, wurde mir schwindlig. Und tatsächlich dauerte es noch mehr als zwei Stunden, um eine Reservierung zu bekommen.

Doch schließlich standen der Taxifahrer und ich tatsächlich mit meinem Gepäck vor dem richtigen Schlafwagen, von denen es eine ganze Reihe gab.

«Wissen Sie, ob es ein Restaurant in diesem Zug gibt?», fragte ich ihn.

«Ganz bestimmt, das ist der Howrah-Chennai-Express.»

Ich drückte dem Schlafwagenschaffner mein Ticket in die Hand, dann folgte ich ihm zum Abteil, in dem ich zwei von zwei Betten reserviert hatte. Mit Freude sah ich, dass versiegelte Mineralwasserflaschen an dem kleinen, sauber wirkenden Waschbecken standen, legte mein Gepäck auf das obere Bett und beschloss, kurz nachdem der Zug mit einer gewissen Verspätung losgefahren war, nach dem Restaurant zu suchen. Denn mittlerweile, es war kurz nach ein Uhr nachts, knurrte mir der Magen wie einem armen Paria-Köter: Seit dem Frühstück hatte ich nichts gegessen. War es wirklich richtig, so spät mein Abteil noch zu verlassen? Eigentlich nicht, aber Hunger ist eben ein starker Antrieb.

Zwei Hundert-Rupien-Scheine waren alles, was ich dabeihatte. Geldbeutel, Ausweis und Fahrkarten ließ ich im Abteil.

Während ich mich durch die nächstfolgende Wagenklasse, eine

Reihe älterer Schlafwagen mit der Bezeichnung «First Class» (FC), arbeitete, die im Unterschied zur 1A-Klasse keine Klimaanlage hatten und Frischluft durch die Fenster am Gang hereinließen, aus denen man einen Blick auf die erstaunliche Existenz so vieler Menschen, ganzer Familien, ja ganzer Dörfer werfen konnte, die entlang und unmittelbar angrenzend an die Schienen ihr Leben fristeten, ihre Wäsche aufhängten und die auf der Hinterseite ihrer Hütten verlaufenden Schienenstränge als Badezimmer und Toilette nutzten. Ewig lange rollte der Zug durch diese nächtlichen Hinterzimmer, bis wir die Riesenstadt, die sich immer weiter zerfaserte und zerfranste, irgendwann hinter uns gelassen hatten. Mein Hunger, so viel kann ich sagen, wurde immer größer.

Eisenbahnkulturell betrachtet steht die indische zwischen den europäisch-englischen Eisenbahnen und den amerikanischen. Während in Europa die Bahnhöfe von größter Bedeutung waren, auch was die Versorgung der Reisenden anging, pflegten die Amerikaner, die ihre Strecken ja in die pure Wildnis hineinbauten, die Züge selbst mit allem auszustatten, was man brauchte. Pullman, sein Name wurde sprichwörtlich für das gehobene Reisen mit dem Zug, machte Amerikas Züge zu Hotels auf Schienen.

Die zahllosen indischen Eisenbahngesellschaften, die ihren verstärkten Ausbau in der wirtschaftlich organisierten Welt des 19. Jahrhunderts dann ausgerechnet dem amerikanischen Bürgerkrieg verdankten und die errichtet wurden, um die Versorgung der englischen Fabriken mit Baumwolle zu sichern, können zwar gigantische Bahnhöfe vorweisen wie den in Howhra, den wir gerade verlassen hatten, aber die Züge selbst glichen und gleichen dennoch nicht selten belebten Marktplätzen oder Durchgangsstraßen, mit allem, was sich dort sonst auch finden lässt. An Flying-Buffet-Kellnern aller Art kam ich vorbei, die gebackene oder frittierte Brote anboten, mit großen Schöpfkellen sämige Currys austeilten oder Obst verkauften.

Aber so lecker all die Rotis und Pooris auch aussahen, die appetitlichen Gemüsefritter und im heißen Öl zu knusprigen Köstlichkeiten gebackenen Pakwans – keine zehn Pferde hätten mich dazu gebracht, mir hier geschnittene Ananas, Melone oder eine Portion Batata Vada, jene wunderbaren Kartoffelbällchen, zu kaufen, die ein junger Mann, der sie seinen Kunden singend anpries, gut gelaunt vor mir hertrug. Sie dufteten nach dem frischen Koriander, der in großen Mengen darübergestreut war. Ich liebe Koriander! Aber ich durfte mich nicht verführen lassen. Wer einmal in ungewohnter, tropischer Umgebung Verdauungsprobleme bekommen hat, weiß, was ich unbedingt vermeiden wollte. Ich blieb eisern.

Gemächlich hinter ihm hergehend, durchquerte ich die ewige Folge der nun kommenden nächstschlechteren Klassen der Liegewagen, Vierer- und Sechserabteile, wie bei uns auch. In manchen kann man die Liegen tagsüber umklappen, andere haben reguläre Sitzgarnituren dabei. Die besseren sind klimatisiert, aber egal wo, man muss immer aufpassen, nicht etwa über die vielen auf dem Gang stehenden Sandalen und anderes Schuhwerk zu stolpern.

In manchen Abteilen brannte noch Licht. Ich sah, dass man es sich als kleine Gruppe in so einem Liegewagenabteil recht gemütlich machen konnte. Natürlich – je tiefer die Klassen, desto enger, aber die Fähigkeiten vieler Menschen in Indien, zusammenzurücken, wurden ja schon immer bewundert. Bei einem Blick auf so eine Großfamilie, den ich erhaschen konnte, sah ich, wie die in einen praktischen Sari gehüllte Mutter den Säugling versorgte, während ihr Mann, der die oberen Liegen vollständig mit dem Gepäck beladen hatte, mit ernstem Gesichtsausdruck ihre anderen Kinder um die bereits zur Ruhe gebetteten Großeltern herum platzierte, als löse er ein Puzzle.

Irgendwann kamen die ersten klimatisierten Sitzwagen, die

nächste Klasse. Auch dort versuchten die meisten Reisenden zu schlafen, darunter viele junge Männer, die aussahen wie Angestellte, die nach der Arbeit im Büro in ihre Vorstadt heimkehrten, auch wenn unser Zug auf seiner gemächlichen Fahrt ins Landesinnere weit ausholte, um erst danach einen mächtigen Schnitt hinab nach Süden zu machen.

Nach der Querung einer gigantischen Stahlbrücke über den Kansabati, auf der der Zug so langsam wurde, dass man das unheimliche Gefühl bekommen konnte, das Ächzen und Stöhnen der alten Brückenverstrebungen könnte gleich vom Knallen der Stahlbolzen begleitet werden, hielten wir in Kharagpur, einer Industriestadt mit wichtiger Funktion im bengalischen Eisenbahnsystem. Gewaltige Werkstätten und wie ein riesiger Fächer angelegte Abstellgleise lagen hinter dem dem Personenverkehr vorbehaltenen Bereich des Bahnhofs.

Als der Zug zum Stehen kam, hatte er laut Fahrplan einen halbstündigen Aufenthalt, den ich dazu nutzte auszusteigen. Drinnen war es mühsam geworden, durch die immer volleren Wagen zu laufen, und so war ich froh, draußen am Zug entlangzugehen, durch die milde und feuchte Luft, die geschwängert war von beinahe schon süßlichen Industrieabgasen und den wunderbaren Gerüchen aus den Garküchen des lang gestreckten Durchgangsbahnhofs. Diese Sättigung der warmen Luft mit allem Möglichen war selber schon fast wie eine Mahlzeit.

Ich lief mit einem Mal vergnügt an unserem Zug entlang. Bald würde ich vor einem schönen späten Abendessen sitzen. Auf den Gedanken, dass ich womöglich ganz zu Beginn auf der Suche nach dem Zugrestaurant in die falsche Richtung gelaufen war, kam ich nicht. Ich passierte die Wagen der immer noch reservierungspflichtigen Klasse der Sleeper Class (SL), bestehend aus nicht klimatisierten Liegewagen ohne Vorhänge zwischen den Abteilen, die von außen, durch die Fenster, tatsächlich wie fahrende Schlafsäle alter Zeit wirkten, in denen man den einen oder anderen Fuß aus dem geöffneten Fenster ragen sah.

Schließlich versperrte mir eine Menschentraube den Weg auf dem Bahnsteig. Ich machte einen Bogen drum herum, immer weiter gehend, und sah aus dem Augenwinkel, dass dürre Träger irgendwelche riesigen Ballen in ein Packabteil schleppten. Ein ungewöhnlicher Anblick für einen Expresszug.

Aber ich schenkte dieser Abnormität keine Beachtung, weil mein Blick mit einem Mal auf einen fliegenden Händler gestoßen war, dessen kleines Wägelchen über und über mit Chipstüten und ähnlichen Snacks beladen war.

Schnell befand ich mich mit ihm in einem lebhaften Austausch über die verschiedenen Geschmacksrichtungen. Besser keimfrei industriell abgepackte Chips als überhaupt nichts! Ich bezahlte, ließ die Packungen dann aber vor lauter Schreck dort liegen, als mich der freundliche Verkäufer, der kaum Englisch sprach, mithilfe verschiedener, sich in ihrer Intensität steigernder Gesten darauf aufmerksam zu machen versuchte, dass etwas sehr Wichtiges geschah. Der Zug setzte sich gerade in Bewegung. Der Howrah-Chennai-Express, mein Zug. Zwar bin ich sofort losgerannt und habe den Waggon der UR-Class auch noch erreicht – mithilfe der unzähligen hilfsbereiten Arme, die sich mir so ausgesprochen nett entgegenstreckten. Aber der Zug, auf den ich da aufgesprungen war, war eben gar nicht der Howrah-Chennai-Express.

Die Namen indischer Züge sind ja oft etwas Besonderes – auch besonders Poetisches: der mit Schmalspur verkehrende Darjeeling-Express von Howrah Richtung Himalaya, der Flying Mail nach Amritsar, der Brindavan-Express, der mit seinem Namen an die Gärten von Mysor erinnert, oder die glänzende Deccan-Queen zwischen Mumbai und Puna. Auch der Howrah-Chennai-

Express hatte ein gewisses Renommee. Aber nicht der Zug, in den ich gerade gestiegen war. Der hatte nur eine Nummer.

Irgendwie war mir zuvor einfach entgangen, dass ich auf dem endlos langen, menschendichten Gleis längst den Abschnitt eines anderen Zuges betreten hatte. Ein einfacher Nahverkehrszug, und gesteckt voll. Ich hatte mich wohl noch nie so dicht an dicht inmitten eines großstädtischen Gewimmels befunden wie in diesem Augenblick. Es war, als ob ein halbes Stadtviertel beschlossen hätte, um halb vier Uhr morgens miteinander auf Reisen zu gehen. Aber noch entscheidender war – der Zug fuhr zurück, in die Richtung, aus der wir gekommen waren. Das bemerkte ich, als wir eben wieder über die Eisenbahnbrücke tuckerten, zurück über den sofort an der Luft spürbaren großen Fluss, den die knarzende Konstruktion vom Anfang des 20. Jahrhunderts überspannte: ein Express, der rückwärtsfuhr? Kaum denkbar.

Ich Vollidiot war tatsächlich in den falschen Zug gestiegen. Und es war nicht angebracht, jetzt dem Chipsverkäufer in Kharagpur die Schuld dafür zu geben. Denn der hatte es ja nur gut gemeint.

Die nächste Station war die Stadt Medinipur am anderen Ufer. Als ich dort den mit der für Indien oftmals so beeindruckenden Zivilisiertheit überfüllten Unreserved-Wagen verließ, nicht ohne von allen Seiten die besten Wünsche für eine glückliche Fortsetzung meiner Reise zu erhalten, war ich jedenfalls tief zerknirscht. Bekanntlich beginnt konstruktives Verhalten oft damit, sich selbst zu verzeihen, aber in jener Morgenstunde, als ich an dem nahe am Fluss gelegenen kleinen Bahnhof stand, fühlte ich anstelle meines Selbst ein großes, nagendes Ärgernis und auch eine Verzweiflung. Mein ganzes Gepäck und meine Papiere waren auf der anderen Seite des Flusses in dem verschlossenen 1A-Abteil, das sich demnächst zusammen mit dem restlichen Howrah-Chennai-Express in Richtung Süden in Bewegung setzen würde.

Ich fand das erleuchtete Büro der Stationsvorsteherin, in dem der Duft nach mit Fenchel gewürztem Chai hing. Der in der feuchten Luft herabblätternde Putz hatte eine Art komplexes Mandala auf einer Wand hinterlassen. Aus der Ferne kam ein leises Signal, von einem Schiff oder einer Lok.

Ich erzählte ihr meine Geschichte, wer ich war, was ich in Indien machte, und schilderte ihr meine Notlage. Die Stationsvorsteherin, eine stattliche Frau von etwa fünfzig Jahren, nickte, murmelte etwas auf Bengali zu sich selbst, hob gemächlich den Hörer des altertümlichen Telefons und führte ein längeres Gespräch.

«Kommen Sie», sagte sie dann zu mir, schnappte sich eine Taschenlampe und übergab die Station ihrem Stellvertreter. «Bitte folgen Sie mir.»

Irgendwann kamen wir an ein Abstellgleis, wo einige kleinere Loks hintereinander standen und ein paar Feuer brannten. Die Stationsvorsteherin setzte ihren Fuß auf den Tritt einer der Loks und rief hinein. Eine leise, heiter klingende Stimme antwortete ihr.

Schließlich tauchte der Kopf eines alten, beinahe glatzköpfigen Mannes mit gepflegtem Schnurrbart auf. Er trug ein weißes Unterhemd und dazu die typische geschlungene Dhoti-Hose, die man in Indien noch häufig sieht. Sein weißer Schnurrbart tanzte über lachenden Lippen und ein paar selbstbewussten Restzähnen.

«Das ist ein erfahrener Lokomotivführer, wir sagen Onkel Yuki zu ihm. Er wird Sie sicher auf die andere Seite bringen», sagte sie, nickte mir zu und hieß mich einsteigen. Es war eine kleine Rangierlok. Ganz offensichtlich mit Kohle betrieben.

«Ich habe schon drüben in Kharagpur angerufen, Mister Stephen», sagte sie. «Ihr Zug wartet auf Sie, keine Sorge. Er hat sowieso schon Verspätung. Ich habe denen gesagt, dass Sie an einem Roman über die indische Eisenbahn arbeiten.»

«Tue ich das denn?»

«Ich denke schon, oder?»

«Na dann. Vielen Dank. Auf Wiedersehen.»

Unterdessen hatte der flinke ältere Herr seine kleine Lok angeheizt. Sie war abfahrbereit. Er lief barfuß, natürlich mit kohlrabenschwarzen Fußsohlen, und bewegte sich im Eisengestänge des offenen Fahrerhauses mit schön anzusehender, fast balletthafter Geschicklichkeit. In der halb geöffneten Tür des im Tiefinneren glühenden Ofens stand ein eiserner, runder Tiegel, wie er auch in einem Tempel hätte sein können. Ein unbeschreiblicher Duft stieg daraus hervor. Sah ich, über den Rand hinweg linsend, tatsächlich ein Stück Ghee wie einen vergehenden kleinen Honigmond schmelzen?

Ich muss das duftende Töpfchen wohl etwas zu sehnsüchtig angestarrt und mit der Nase allzu frech geschnuppert haben, jedenfalls warf mir der greise Lokomotivführer einen freundlichen gewissen Kennerblick zu.

Er machte eine Geste, ich möge mich hinsetzen. Er nahm einen Schöpflöffel und gab mir in einem Blechnapf. Hier war also mein Essen. «Dal Makhni», sagte er in tiefem Bengal, was bedeutet, dass er es aussprach wie ein Tiroler: «Dol Mogni».

Ein letztes Mal zögerte ich noch, aber wenn es irgendwo auf dem Planeten einen keimfreien Ort gab, dann war es der Feuerkessel dieser uralten, vermutlich aus den frühen Sechzigerjahren stammenden Rangierlok, der vielleicht niemals kalt geworden war. Wie viele Generationen von Lokomotivführern hatten sich hier am Rande der Kohlenglut ihr Essen gekocht? Also stillte ich meinen Hunger, während derjenige, der es zubereitet hatte, Onkel Yuki, auf dem Nebengleis über die Brücke über den Kansabati fuhr, die unter diesem Leichtgewicht keinen Laut von sich gab.

Das Dal schmeckte wirklich unglaublich, es schmolz förmlich auf der Zunge, weil es mit geringer Hitze und nebenbei zubereitet worden war. Als ich schließlich wieder am Bahnhof von Kharagpur ankam, dankte ich Onkel Yuki und erreichte ohne Not meinen Schlafwagen.

Wenn man die Linsen und Bohnen also eingeweicht hat, kocht man sie bei geringer Temperatur halb gar. Währenddessen erhitzt man Öl in einem schweren Topf und gibt seine Lieblingsgewürze hinein – ich nehme gerne Kurkuma, Zimt, Nelken, Kardamom und Lorbeer, man kann auch Senfkörner oder Kreuzkümmel dazutun. Wenn die Gewürze duften, Zwiebeln dazu, ein wenig rühren, dann Ingwer-Knoblauch-Paste, immer rühren, dann klein geschnittene Tomaten. Das lässt man schön köcheln. Man schärft, so viel man will. Ich mag es scharf. Schließlich kommen die vorgekochten Linsen hinein. Erst wenn die Linsen vollständig weich sind, salzt man, kann auch ein wenig Gemüsebrühe dazugeben. Entscheidend dabei ist, dass das alles bei geringer Temperatur stattfindet. Je länger der Kochvorgang, desto besser. Dann kommt noch Butter oder Ghee hinzu, manchmal nehme ich auch einen Schuss Sahne, wenn gerade welche im Haus ist. Veganer entsprechend anderes.

Nun aber, und das ist ganz entscheidend, wenn ich es Railway-Style zubereiten will, hole ich etwas Grillkohle, ein kleines Stück, das ich über einer Gasflamme (bei mir ein kleiner Campingkocher) zum Glühen bringe. Derart glühend lege ich das Kohlenstück in ein Metallschälchen und lasse es auf der Oberfläche des Dal schwimmen. Nun nehme ich den Deckel des Topfes zur Hand, gebe – wie bei einer altrömischen Beweihräucherung – ein wenig gutes Olivenöl auf die Kohle. Das Öl beginnt sofort auf der Glut zu verrauchen. Schnell den Deckel auf den Topf und etwa zwanzig bis dreißig Sekunden, so fest es geht, geschlossen halten.

Das unabweisbare Raucharoma, das das dunkle Linsengericht daraufhin zuverlässig annimmt, erinnert mich jedes Mal wieder an meine frühmorgendliche Flussüberquerung an Bord einer mit Kohle betriebenen Lokomotive der Indischen Eisenbahn.

Dennis Gastmann
Reise nach Karakalpakstan

Der Zug war ein stahlblaues Biest aus Sowjetzeiten, das die usbekischen Nationalsymbole wie einen Schild vor sich hertrug. Rollendes Testosteron. Die kompromisslose Art, mit der es in den Fernbahnhof von Taschkent strotzte, war eine Demonstration von Macht und Stärke. Dieses monumentale Ungeheuer würde auch dann noch über die Gleise wummern, wenn wir längst in unseren Gräbern schliefen.

«Nehmen Sie nicht den Zug!», hatte mir die resolute, streng geschminkte Dame von der staatlichen Reiseagentur geraten, bei der ich die Fahrt buchen und mit harten Dollars bezahlen musste. «Nein, ich bitte Sie, mein Herr, fliegen Sie lieber mit Uzbekistan Airways. Der Zug ist nichts für einen Ausländer, verstehen Sie? Er braucht zehnmal länger für den Weg und ist hundertmal so unbequem.»

Aber genauso gefiel es mir, lang, beschwerlich und so dieselrußend, dröhnend laut und schonungslos hart gepolstert wie nur möglich. Wer mit der Berufsbezeichnung «Journalist» oder «Publizist» auf seinem Visum durch die ruhmreiche zentralasiatische Republik Usbekistan reist, ist dort ähnlich gern gesehen wie einer, der sich «Terrorist» nennt – wohin er auch geht, es wandelt stets ein geheimdienstlicher Schatten an seiner Seite: im Palast von Chiwa, in den Moscheen von Buchara, zwischen den ornamentverzierten Medresen auf dem Registan von Samarkand und überall in den Straßen von Taschkent, der «Stadt aus Stein», wo grauer Regen auf grauen Beton fällt und graue Brunnen auf grauen Plätzen in grauen Häuserschluchten füllt. Diese bedrückende Erfahrung hatte einen Masochisten aus mir gemacht. Was es auch kostete, ich wollte die Strecke auf Schienen zurücklegen, hoffte ich doch, auf diese Weise unbehelligt mit Einheimischen zusammenzukommen. Welcher regierungstreue Spitzel würde diese Strapazen auf sich nehmen? Vor mir lagen eintausend Kilometer Wüste und zwanzig Stunden Fahrt ins Nichts.

Ich schrieb ein Buch über vergessene Orte und rätselhafte versunkene Reiche auf der ganzen Welt: Piratennester wie die Insel Pitcairn, irgendwo im Pazifischen Ozean, wo die Ur-Ur-Enkel der Meuterer von der Bounty leben, verträumte Refugien wie das zwergenhafte Königreich Akhzivland zwischen Israel und Libanon, das damals von einem milde waltenden, weißbärtigen Hippieherrscher im wallenden Gewand regiert wurde, oder umstrittene Flecken wie die Republik Transnistrien, ein Land, das es nach offiziellen Erklärungen gar nicht gibt – und dennoch verfügt es über seine eigene Währung, sein eigenes Parlament und seinen eigenen guten alten KGB, der noch immer so reibungslos läuft wie eine schnurrende Rolex, wenn man den Aussagen der stolzen Transnistrier glaubt.

Bei diesen Recherchen war ich auf ein Gebiet im usbekischen Westen gestoßen. An neunzig Tagen im Kalender sei es von Sandstürmen verhüllt, raunten die Leute. Doch ließen die Winde erst einmal nach, dann gäben sie den Blick auf eine genauso verzaubernde wie ernüchternde Gegend frei. Dort, einige Hundert trostlose Meilen von der Hauptstadt Taschkent entfernt, beginnt die autonome Republik Karakalpakstan – das «Land der schwarzen Mützen», wie es in den Erzählungen hieß. Es war früher einmal berühmt für seinen Fisch und seine Konservenmanufaktur, die kiloweise Kaviar in die Zuckerpaläste von Moskau lieferte. Nun jedoch verfiel das Gerippe der ausgeplünderten Fabrik, und die letzten Fischerboote verrosteten still und leise in den Dünen. Seit die Sowjets die größten Flüsse umgeleitet hatten, um Hunderte Baumwollfelder zu bewässern, war Karakalpakstan das Opfer einer menschgemachten Klimakatastrophe geworden. Es hatte vor gar nicht allzu langer Zeit noch an der Küste gelegen und war jetzt ein Wüstenland, denn sein Meer, das sich Aralsee nannte, war verschwunden.

Der Zug war kaum in die Station eingefahren, da kam es auch schon zu Tumult. Im Westen wie im Fernen Osten verläuft das Einsteigeritual nach dem immer gleichen Muster: *Keep calm and mind the gap.* In den unendlichen Weiten zwischen London und Tokyo jedoch nicht. Hier gilt es anscheinend als gänzlich verweichlicht, sich brav anzustellen und andere Passagiere erst einmal aussteigen zu lassen. Die Menschen drängen sich stattdessen in einem aufgeregten Pulk vor den Waggontüren, machen sich allmählich locker und lassen sich von ihm hineinschieben.

Ich landete in einem Schlafabteil für vier Personen und machte dort Bekanntschaft mit einem listig lächelnden, stoppelbärtigen Herrn, der sich mit dem armenischen Vornamen Vahram vorstellte. Er trug eine Pudelmütze mit gefälschtem Mercedes-Benz-Emblem, hockte mit baumelnden Füßen auf seiner Pritsche und ließ Dudelmusik aus einem batteriebetriebenen Lautsprecher spielen, den er im Schoße hielt. Vahram sprach mich auf Russisch an, doch zu meinem Bedauern beherrschte ich nur Fäkalvokabular – nichts außer einer Handvoll schmutziger, herrlich anatomischer Schimpfwörter wie «suka!», «blyad!» oder «maslobojtschik!», die ich von einem Tschetschenienveteran aus Sankt Petersburg gelernt hatte. Ich verstand jedoch das Wörtchen «rabote», seine Frage nach meiner Arbeit. Vahram, so deutete ich seine Gesten, hatte früher einmal als Ingenieur sein Brot verdient. Ich antwortete mit tippenden Bewegungen und war froh, dass er mich fortan für einen Computertechniker hielt.

Vahram hatte alte, äußerst gutmütige Augen, die hinter einer arg verbogenen Lesebrille hervorlugten. Er öffnete ein hölzernes Kläppchen in der Wand des Abteils und zeigte mir, wo in diesem

Verschlag noch ein heimlicher Platz war, um meine Reisetasche zu verstauen. Dann machte er mir mit Händen und Füßen klar, ich möge mich besser noch nicht in mein Bett legen. Tatsächlich sah es gefährlich nach Wanzen oder Flöhen oder sogar beidem aus, und glücklicherweise tauchte jemand auf, der mir frische Laken und einen Waschlappen reichte. Ein Mütterchen beugte sich durch die Tür und hielt uns einen Räucherfisch unter die Nase, ein Bahnangestellter fegte den Gang mit einem Reisigbesen, dann setzte sich der Zug in Bewegung.

Als zwei weitere Männer den Raum betraten, sprang Vahram von seiner Pritsche auf. «Germania!», rief er mit erregter Stimme und deutete auf mich. «Germania! Germania!» Anders als mein armenischer Begleiter mit den weit aufgerissenen Augen trugen sie eher mongolische Züge. Möglicherweise waren sie die ersten Karakalpaken, die ich auf meiner Expedition traf – ein gefürchtetes Volk von Reitern, die einst in Peitschen schwingenden Horden durch die Steppe gezogen waren und buschige Kopfbedeckungen aus dunkler Schafswolle trugen, was ihnen den Namen «Schwarzmützen» bescherte. Der eine hatte nur ein halbes Gebiss, dafür verfügte er aber über eine ansehnliche Zahl von Goldzähnen. Der andere grüßte mich mit den freundlichen Worten «Hitler kaputt!», schwang sich in das Bett über mir und schlummerte augenblicklich ein.

Einen Deutschen hatten sie offenbar nicht erwartet. So setzte sich der mit dem halben Gebiss neben mich und begann, mit seinen Händen ein hübsches Paar Brüste zu formen. Es dauerte eine Weile, bis mir endlich aufging, dass er wissen wollte, ob es denn eine Frau an meiner Seite gebe, und ich zeigte ihm ein Foto, das ich mit mir führte. Der Goldzahn wiederum deutete pantomimisch an, dass er drei heiratsfähige Töchter habe, die allesamt ganz bemerkenswert gut gebaut seien.

Seine nächste Geste bereitete mir Sorgen, denn ich kannte sie nur allzu gut aus folgenschweren Abenden in schwitzigen russischen Datschas und dröhnenden, neonbeleuchteten ukrainischen Discos. Er schnippte sich mit dem Zeigefinger an die Kehle, was von Woronesch bis Wladiwostok ein und dasselbe bedeutet: Brüderchen, lass uns trinken, bis wir uns singend in den Armen liegen und die Zugbegleiterin splitternackt im Abteil tanzt, und zwar sofort! Stattdessen brachte Vahram eine ganze Kanne duftenden Chai, wo auch immer er sie aufgetrieben hatte. Vielleicht blieb ich vom Wodka verschont, weil es noch so früh am Morgen war. Vielleicht hatte ich auch nur ungeheuerliches Glück.

Zur Mittagszeit schlossen sich noch drei weitere Männer unserer Runde an, darunter sogar der Schaffner persönlich in seiner Dienstuniform. Einer von ihnen klappte mein Nachtlager um, unter dem ein Hohlraum zum Vorschein kam, aus dem er gekochte Eier, Brot, Süßigkeiten, Fisch und allerlei Frittiertes nahm. Jeder meiner fremden Begleiter holte nun etwas aus seinem Gepäck hervor und breitete es für alle greifbar auf dem Tischchen zwischen den beiden Etagenbetten aus. Vahram erfreute uns mit einer groben Pferdewurst. In Taschkent isst man Pferd, um die Manneskraft zu stärken, das wusste ich. Eine Scheibe, hatte man mir dort erzählt, besitze die Wirkung einer Viagra: «Iss das vor deiner Hochzeitsnacht, Junge, und ich verspreche dir, deine Frau wird dich lieben!» Während Vahram die Wurst in Stücke schnitt, legte ich immerhin eine Packung russischer Zuckerzigarren dazu, die ich irgendwo auf dem Markt erstanden hatte.

Dass ich den Männern nicht mehr anbieten konnte, war mir unangenehm. Ich schämte mich dafür. So viel Großzügigkeit kannte ich nicht aus meiner Heimat, wo man bisweilen bloß Wasser und Salzstangen serviert, wenn unangekündigter Besuch zur Tür hereinkommt und der Gast einen generösen Tag erwischt. Man stelle sich einen beliebigen Zug vor, der durch Deutschland rollt, und setze einen einsamen Karakalpaken dort hinein, dessen

Sprache niemand versteht. Wer würde sein Essen mit ihm teilen oder ihm gar seine Tochter zur Frau anbieten? Neben der Korruption hatte augenscheinlich auch die Solidarität den Sozialismus überlebt. Je perverser ein System, desto enger rücken die Menschen zusammen. Sie teilen Brot, Leid und Feinde – das ist kein Kitsch, das ist die hohe Kunst des Überlebens.

Wie die Männer miteinander umgingen, wie sie sich gegenseitig neckten, wie sie flachsten und aus tiefstem Herzen lachten, war rührend, aber dennoch stets maskulin. Die Teereste warfen sie sorglos auf den Teppich des Abteils, wo auch schon Gräten und Wurstpelle lagen. Wir schmatzten, rülpsten und furzten, wie wir konnten, und zwischendurch ruhten wir. Wenn ich aus dem milchigen Fenster auf die Wüste Kizilkum blickte, sah ich immer dasselbe Bild: Sand, Kiesel, Strommasten und ab und zu einen kleinen, verlassenen Bahnhof, an dem niemand aus- und niemand einstieg – außer den Bäuerinnen, die neben Fladenbrot und Teigtaschen auch Kreuzworträtsel, Instantkaffee, Pall Mall und andere Genussmittel in ihrem Körbchen trugen. Mit den Stunden verschwanden auch sie, genauso wie die Bahnhöfe, die Steine und die Strommasten, unter einem marmorierten, unendlich hohen Himmel. Zurück blieb nichts als Sand und die Gewissheit, in eine der traurigsten Regionen der Erde zu fahren. Dorthin, wo die Luft beinahe so schwer auf der Zunge liegt, dass ein Blinder wüsste, wo er gerade aus dem Zug gestoßen wurde. Seit sich der Aralsee bis auf ein letztes jämmerliches Becken zurückgezogen hat, müssen sich die Menschen, die noch hier leben, mit völlig neuen Wetterlagen arrangieren: Salz und Staub. Der Wind sammelt das Unheil in der Aralwüste, trägt es in Wolken und Wirbeln über die Dächer und lässt es auf Balkone, Monumente und brüchige sowjetische Prospekte rieseln, bis alles von derselben fingerdicken gelben Kruste überzogen ist. Der Salzhauch kriecht in jeden Zweig der Lunge und bringt Asthma, Blutkrebs und Tuberkulose.

Du schmeckst die Wüste, du atmest sie, und abends hustest du sie wieder aus.

Und wie verbringt man die Nacht in einem usbekisch-karakalpakischen Schlafwagen? Nun ja, ich dachte, man schläft. Vahram und die anderen zwei Männer taten das auch, ich aber wurde immer wieder von Fremden geweckt, die der Zugbegleiter lautstark in unser Abteil kommandierte. Wie es schien, wollte er sich unbedingt mit dem blond gelockten Fremden aus Germania austauschen und suchte händeringend einen Übersetzer. Dabei muss er wohl auf einen ganzen Waggon voller Chinesen gestoßen sein. Einen nach dem anderen schob er vor mein Bett – die Leute sollten sich gefälligst mit mir unterhalten. Wer weiß, vielleicht konnte einer von ihnen ja Deutsch oder Englisch oder irgendeine andere seltsame Sprache aus dem Westen? Sobald der Schaffner merkte, dass keine vernünftige Kommunikation zustande kam, so wie bei zwei Hunden, die sich einfach nicht beschnüffeln wollen, zerrte er seinen Chinesen wieder auf den Gang und holte den nächsten Kandidaten.

Schließlich kapitulierte er, legte seine Uniform beiseite, verputzte mein Zuckerzeug, und wir begannen, die russischen Schimpfwörter, die ich auf meinen Reisen aufgeschnappt hatte, in die Sprache der Karakalpaken zu übersetzen. Wie völkerverbindend und doch überaus befreiend es sein kann, das Wörtchen «Scheißdreck» mit anderen Vokabeln zu kombinieren. Seine Favoriten waren «Drecksregierung» und «Drecksmiliz», während der elende «Druckszug», wie der Schaffner ihn nannte, unbeirrt weiter durch die Wüste rollte, ratternd einem sterbenden, entseelten Ort entgegen. Dorthin, wo einst meterhoch das Wasser wogte. Wo Fischer ihre Netze einholten. Wo die Männer, die nun mit mir gemeinsam im Bauch eines stahlblauen Ungeheuers durch die Finsternis brausten, womöglich früher einmal als Jungen am Ufer gestanden hatten und sahen, wie ihre Väter aus den

Booten stiegen, links und rechts über der Schulter einen riesigen Stör.

Jahr um Jahr versiegte und versalzte der Aralsee nur noch mehr, und wer weiß, dachte ich bei mir, vielleicht war dies die letzte Chance, brüderlich auf ihn zu trinken. Also wärmten wir uns mit heißem Tee und der leisen Hoffnung, dass am Ende immer alles gut wird. Und wenn es nicht gut ist, dann ist es noch nicht das Ende.

Juan Moreno
Das rollende Kammerspiel – unterwegs in der Transsibirischen Eisenbahn

Der russische Schaffner, betrunken wie drei Kosaken, stolpert durch seinen Zug und bleibt vor meinem Abteil stehen. Er hebt, nicht ohne Mühe, die linke Hand. Der Zeigefinger weist auf eine Flasche Wodka, die Reisende der 2. Klasse auf den schmalen Tisch in der Abteilmitte gestellt haben. Auf schwankenden Beinen und mit glasigen Augen erklärt der Schaffner, dass in den Zügen der stolzen Transsibirischen Eisenbahn kein Wodka getrunken werden dürfe, leider. Das sei einer dieser Einfälle der Zentrale in Moskau. Von denen habe es zuletzt viele gegeben: Rauchverbot in den Zügen, VIP-Lounges in den Bahnhöfen, durchgestylte Speisewagen, Babuschkas, die plötzlich Lizenzen brauchen, um geräucherten Fisch an den Bahnsteigen zu verkaufen, und jetzt, wer hätte das erwartet, Wodkaverbot im Zug. Russland geht mit der Zeit, sagt der Schaffner. Und die Transsibirische Eisenbahn auch.

Wenigstens dürfe man noch Bier trinken. Auch Wein und Martini Bianco, der im Speisewagen in Literflaschen verkauft wird. «Der Wodka aber muss weg. Keine Diskussion.»

Die gibt es an diesem kalten Januarabend in Abteil 2, Wagen 5 des Zugs No. 100 von Moskau nach Wladiwostok auch nicht, denn leidenschaftslos fügt der Schaffner einen Ausweg hinzu: «Ihr könnt auch einfach die Abteiltür schließen und trinken, was immer zum Henker ihr wollt.»

Dreht sich um und schwankt davon.

Es dauert eine Weile, bis ich die ganze Schönheit dieser Szene aufgesogen habe. Es dauert, bis ich verstehe, dass eine Fahrt mit der Transsibirischen Eisenbahn weniger eine Reise ist als vielmehr ein Kammerstück. Inszeniert in einem fahrenden Theater auf Schienen. Vieles wird sich in meinem Kopf abspielen, im Kopf der anderen Reisenden, aber, auch das steht für mich fest, es gibt eine Bühne und eine Hauptrolle: Russland. Das wahre Russland. Nicht Moskau. Nicht Sankt Petersburg. Nicht diese architektonischen Schönlinge mit ihrer polyglotten Oberschicht, die deutsche Autos fährt, italienische Restaurants besucht, französische Designerklamotten trägt und spanische Ferienorte ruiniert. Nein, hier im Zug findet sich wenigstens dem Wesen nach noch das Russland Dostojewskis. Der große Menschendeuter beschrieb sein Land schon vor hundertfünfzig Jahren als «erhabenes, universelles, geordnetes Chaos».

Kaum ein Russe wird Dostojewski widersprechen: Was anderes als erhabenes Chaos ist ein stockbesoffener Schaffner, der auf ein Alkoholverbot im Zug hinweist?

Natürlich kann ich nicht sagen, ob das Kammerstück «Transsibirische Eisenbahn» eine Komödie oder eine Tragödie ist, aber das sind häufig die besten Inszenierungen. Die beides sind. Sicher ist nur eines: Es fasziniert. Und: Man sollte es sich im Winter anschauen. Ohne andere Touristen, mit denen man kostbare Stunden vergeuden würde, Russland mit dem jeweils eigenen Heimatland zu vergleichen. Zeitverschwendung. Man würde übersehen, dass Russland unvergleichlich ist. Und man würde nicht merken, dass es auch die Reise in diesem Zug ist.

Gut hundert Jahre ist die Transsibirische Eisenbahn alt. Die berühmte Hauptstrecke war damals, und ist es heute noch, Moskau – Wladiwostok, ein rund 9300 Kilometer langer Mythos, der kein russischer wäre, gäbe es nicht unterschiedliche «offizielle» Angaben über die «exakte» Streckenlänge. Zwei Kontinente, acht Zeitzonen, 189 Bahnhöfe, 485 Brücken, 16 große Flüsse. Knapp hundertfünfzig Stunden, etwa eine Woche, dauert die Fahrt durch das größte Land der Welt entlang am Ufer des größten Sees der Welt. Würde man die Baukosten auf die Gegenwart übertragen, hätte diese Eisenbahnstrecke fünfzig Milliarden Euro gekostet, etwa das Doppelte der Mondlandung.

Ich habe mir vor dieser Reise einige Dinge erklären lassen. Zum Beispiel, dass man zu Beginn, gleich nach dem Einsteigen, nicht gleich loslegen sollte mit dem Erkunden. Das Klügste ist, man schaut erst einmal lang, sehr, sehr lang aus dem Fenster. In den Abteilen gibt es nicht viel zu sehen. Sie sind weder antik noch modern, ich würde sagen, marode-solider Eurocity-Standard der frühen Achtzigerjahre. Keine Duschen, enge Toiletten, viel Kunstfaserteppich, viel Melamin-Beschichtung samt Übermaß an hellem Holzimitat. Die 3. Klasse mit ihren von Stellwänden getrennten Liegeflächen wirkt noch am exotischsten.

Einzige Bezugsperson ist die Zugbegleiterin, «Prowodnitsa» genannt. Diese Damen hängen eher dem sowjetischen Dienstleistungsgedanken nach, sie könnten also auch in Berlin Taxi fahren. Früher oder später wird mich eine von ihnen anbellen. Das haben mir praktisch alle Russen versprochen, die ich gefragt habe. Trinkgeld kann helfen, muss nicht.

Die Prowodnitsa wird kurz nach der Abfahrt mit sauberer Bettwäsche und einem Handtuch von der Größe eines Papiertaschentuchs ins Abteil kommen. Man sollte sie nicht nach dem nicht existierenden Gepäckwagen fragen. Wer mit viel Gepäck reist, muss sich sein Bett mit seinem Rollkoffer teilen. Stauraum ist knapp.

Als Mitteleuropäer wird bald der Moment kommen, in dem man sich fragt, welcher Wahnsinnige für die siebenundzwanzig Grad im Zug verantwortlich ist. Die Antwort ist einfach: Russen ertragen Kälte und lieben Hitze. Es scheint für viele nichts Schöneres zu geben, als durch den sibirischen Winter in einer Schwitzhütte auf Schienen zu fahren. Es hat keinen Sinn, gegen diese über-hitzte Unbehaglichkeit anzukämpfen. Die Fenster, mittlerweile moderne Thermofenster, die dennoch einfrieren, lassen sich nicht öffnen. Linderung verschafft das Aufsuchen der Übergänge zu den Nachbarwaggons. Diese sind nicht geheizt und verwan-deln sich im Winter in Eiskammern.

Das Fensterkino verlangt Geduld, jedenfalls am Anfang. Stunde um Stunde scheint das immer gleiche schockgefrorene Birken-wäldchen vorbeizuziehen. Irgendwann tritt auch bei mir ein, was alle Reisende in der Transsibirischen Eisenbahn kennen: Es spielt keine Rolle mehr, wo man gerade ist. Orientierung gibt nur noch die Zeit, die sich in einen großen, beruhigenden Klumpen verwandelt hat. Der genaue Ort wird unwichtig. Ebenso wie die Aussicht auf die Ankunft, das Ende der Reise. Ich bin zwischen-zeitlich davon überzeugt, dass ich nie ankommen werde. Ein kurzes Rendezvous mit der Ewigkeit. Das Ziel verschwindet. Es ist Tausende Kilometer weg, und man nähert sich ihm mit durch-schnittlich achtundfünfzig Stundenkilometern.

Alles, was die nächsten Tage am Fenster vorbeizieht, ist unend-liche Winterlandschaft. Ganz gleich, ob sie Wolga-Ebene, westsi-birische Steppe, Ural oder ostsibirische Bergtaiga heißt. Ein wei-ßes, schneebedecktes Meer aus Bäumen, das sich hinauf bis zum Nordmeer zieht. Hinter den Baumreihen, die ich vom Fenster aus erkennen kann, ist das große Nichts. Oder wie immer man das größte Waldgebiet des Planeten nennen möchte. Lärchen, Tannen, Kiefern, Birken. Das ist alles, Bäume und noch mehr Bäume. Wer die Taiga gesehen hat, versteht die Ewigkeit, heißt es. Die vorbei-ziehenden Ortschaften sind bewohnt. Menschen sieht man keine, aber die Schornsteine rauchen. Und noch etwas fällt mir auf: Rus-sische Stadtplaner scheinen nur zwei Architekturkonzepte zuzu-lassen – Plattenbau und windschiefe Holzhütte.

Sobald es dunkel wird, verwandelt sich das Abteilfenster in die schwarze Scheibe eines kaputten Röhrenfernsehers. Die Tage im russischen Winter sind kurz. Das Geschenk – und nichts anderes sind die vielen Stunden, die mir die Transsibirische Eisenbahn auf dieser Winterreise übergibt – entfaltet langsam seine Wirkung. Ich könnte ein Buch lesen. Ist es ein russisches, wird man wahrscheinlich Maxim Gorki recht geben, der einmal sagte: «Bei uns werden alle Bücher über ein und dasselbe Thema geschrieben, darüber, wie wir leiden.» Ich lese nicht, lasse meine Gedanken schweifen und überlege, mit meinem Gegenüber zu sprechen, der schon lange aufgehört hat, auf das Smartphone zu schauen. Der Handyempfang entlang der Zugtrasse ist schlecht. Die virtuelle Welt fährt nicht mit. Zeit, das seltene Gut, der Luxus des 21. Jahrhunderts, ist im Überfluss vorhanden. Mein Gegenüber spricht nur Russisch. Ich kann nur sagen, dass ich Traktorist bin. Habe ich von einem meiner Ossi-Freunde, der das in irgendeinem DDR-Schulbuch aufgeschnappt hat.

Als der russische Zar Alexander III. den Bau der Transsibirischen Eisenbahn veranlasste, hatte er eines von den USA gelernt: Länder mag man mit Armeen erobern, zum Herrschen braucht es einen Zug. Der amerikanische Wilde Westen wurde nicht mit Flinten gezähmt, sondern mit Schienen. Auf ihnen konnte Nachschub geliefert, konnten Richter, Beamte, Siedler transportiert, Rohstoffe weggeschafft werden. Der Zug brachte Recht und Ordnung und das Gesetz aus Washington an den Pazifik. Alexander wollte das Gleiche: Macht und Kontrolle bis zum Pazifik. Eine Eisenbahnstrecke von Moskau nach Wladiwostok sollte sein riesiges Reich sichern und eine neue Handelsroute nach China etablieren. Vor dem Bau dauerte es bis zu einem Jahr, eine Nachricht von Moskau an die Pazifikküste zu schicken.

Die von Alexander eingesetzte Planungskommission bestätigte, was viele dachten: Der Bau ist im Grunde unmöglich, und wäre es doch möglich, könnte sich das Land dies nicht leisten, Russland, das galt schon damals, war fast so arm wie groß. Zusammengefasst sagte die Kommission: Die Transsib ist fraglos ein verrücktes Unterfangen. Wenn sich aber in den letzten Jahrhunderten eines in Russland nicht geändert hat, dann das: Nicht gesunder Menschenverstand entscheidet darüber, was unmöglich ist, sondern nur der übliche machttrunkene Mann, der gerade in Moskau regiert.

Neunzigtausend Arbeiter bauten die Strecke – nicht in wie geplant zehn, sondern in gut fünfundzwanzig Jahren. Zum Großteil ohne Maschinen, ohne Dynamit, ohne vernünftige Bezahlung. Arbeiter starben wie die Fliegen. Der Bau fraß ein Drittel der Staatskasse leer. Es fehlte Geld für eine moderne Armee – man verlor den Ersten Weltkrieg – und für Sozialprogramme, auch das nicht ganz ohne Folgen. Nicht wenige Historiker glauben, dass es die Sowjetunion ohne die Transsibirische Eisenbahn möglicherweise nie gegeben hätte.

Natürlich war das Ergebnis am Ende der Bauzeit lächerlich. Züge in den USA erreichten damals hundertvierzig Stundenkilometer, während die Transsib mit gut vierzig Stundenkilometern auf eingleisiger Strecke durch das ewige Sibirien rollte. Das Motto war durch und durch russisch: Besser eine schlechte Bahn als gar keine. Brücken wurden aus Holz gebaut, Tunnel mit einer Spitzhacke in den Felsen geschlagen, billiges Eisen für die Schienen benutzt. Es war die schlechteste Bahnstrecke, die möglich war.

Aber es war eine Bahnstrecke.

In weiten Teilen von Hand, mit purem Willen und purer Sturheit gebaut. Bewunderung ist das Mindeste, was die Russen dafür verdienen.

Heute rollen zweihundertfünfzigtausend Güterwaggons jährlich über die Transsib. Rund 30 Prozent der russischen Exporte werden über sie abgewickelt. Die Strecke ist die Hauptschlagader des Landes. Ein Leben ohne sie wäre für viele Russen undenkbar. Für viele Nichtrussen würde hingegen ein Mythos fehlen. Legionen von Rucksacktouristen und Reiseveranstaltern tragen die Legende der Transsib in die Welt hinaus. Ein exotischer Traum sei diese Reise, nur Mutigen vorbehalten. Eines der letzten Abenteuer in einer Welt, die nur kyrillische Schriftzeichen kennt. Die Wahrheit ist, wenig überraschend: Auch mitteleuropäische Antihelden können diesen Zug besteigen. Die Fahrkarte kann man mit etwas Englischkenntnissen im Internet kaufen. Man erhält ein elektronisches Ticket, wie man es vom Flugzeug kennt. Mit dem Ausdruck geht man zum Zug, steigt ein und wird, wie in allen russischen Zügen, höchstwahrscheinlich auf die Minute pünktlich abfahren. Touristen sollten die Reise nicht verklären, sondern wissen, dass praktisch jeder Russe, dem man begegnen wird, nur deshalb in der Transsibirischen Eisenbahn sitzt, weil der Flug zu teuer war. Niemand fährt aus nostalgischen Gründen zwei Tage von Jekaterinburg nach Irkutsk zu Verwandten, wenn er die Reise mit dem Flugzeug auch in drei Stunden machen könnte.

Es mag Touristen geben, die Tausende Euro für eine geschichtsglättende Nostalgiefahrt im Sonderzug «Imperial Russia» zahlen. Man kann aber dieselbe Strecke auf denselben Gleisen mit derselben Aussicht auch in der 3. Klasse für ein paar Hundert Euro bereisen. Es gibt Angebote für umgerechnet hundertfünfzig Euro, wenn man früh bucht. Bei 9300 Kilometern macht das etwa 1,6 Cent pro Kilometer, was die Frage beantwortet, ob die russische Staatsbahn ein profitables Unternehmen ist. Für Russen ist die Transsibirische Eisenbahn nicht aufregend, sie ist billig. Sie ist ein Zustand, der zu ihrem Leben gehört, mit dem jeder andere Erinnerungen verbindet. Sehr viele russische Liebesgeschichten haben als zufällige Begegnung in der Eisenbahn begonnen.

So naheliegend wie enttäuschend ist ein Besuch des Speisewagens. Die grotesk geschmacklose, meist grün oder blau gehaltene PVC-Sitzlandschaft ist in der Regel leer. Das Essen im Speisewagen ist zu teuer für die meisten Russen. Sie nutzen lieber den Samowar, einen großen, stets brodelnden Wasserkessel am Wagenende, der früher mit Kohle betrieben wurde und heute elektrisch ist. Man sollte Tütensuppen mögen, wenn man diese Reise antritt.

Die Stimmung im Zug ist entspannt. Nicht übermäßig freundlich, eher zurückhaltend, aber nicht unangenehm. Ob man in der 1. oder 3. Klasse reist, ist eine Frage des Geldes und des persönlichen Geschmacks. Die Luft in der 1. Klasse riecht nicht unbedingt weniger nach Schweiß, aber wenigstens ist es der eigene. Man teilt sich ein Abteil zu zweit, und es gibt einen kleinen Fernseher, den kein Mensch zu bedienen weiß. Die 2. Klasse, in der man zu viert sitzt, sieht praktisch identisch aus. Es gibt allerdings einen zivilisiert geführten Kampf um die Steckdosen. Sie sind auf dem Gang und meist belegt. Am fröhlichsten ist die 3. Klasse, was auch damit zu tun hat, dass sich kaum jemand an das Wodkaverbot hält.

Auf die Frage, warum sich keiner an das Verbot hält, bekommt man eine interessante Antwort: In einem so großen Land müsse man anders mit Regeln umgehen, flexibler. Moskau beanspruche für sich, das Zentrum des Reiches zu sein, liege aber am äußersten Rand. Selbst wenn alle Zugpläne und alle Bahnhofsuhren auf der Strecke sich nach Moskauer Zeit richten, ist es nicht in Wahrheit so, dass fast überall in Russland Moskau verdammt weit weg ist? Es darf also niemanden überraschen, dass der Schaffner nicht der Einzige ist, der in diesem Zug dem Wodkaverbot ein herzliches «Budjem sdorowy» («Prost!») entgegensetzt.

Natürlich schaue ich mir die 3. Klasse an. Sie wäre in der Tat ohne Alkohol schwerer zu ertragen. Sie besteht aus zweiundfünfzig privatsphärenbefreiten, sehr günstigen und darum meist ausgebuchten Schlafplätzen. Die Duftsymphonie aus Achselschweiß, Selbstgepökeltem und Alkoholfahne ist schwierig zu beschreiben. Eine Hallenumkleidekabine nach einem Altherren-Fußballturnier im August kommt ihr nahe, würde ich sagen.

Mir fällt die blonde Snackverkäuferin auf, die morgens missmutig Teigfladen von ihrem Servierwagen verkauft hat. Der Geruch in dem Abteil scheint ihr nichts auszumachen. Ihre Stimmung hat sich aufgehellt. Sie streift jetzt gut gelaunt durch den Zug. Später gesellt sie sich zu den zwei fülligen Kellnerinnen im Speisewagen, die während der Restaurantöffnungszeiten regelmäßig auf den Bänken schlafen. Auf dem Tisch steht Martini Bianco. Russland ist ein Land, in dem mehr Menschen in Gläsern ertrinken als im Meer. Vielleicht sollte man aber erst drei, vier Winter in Jakutsk verbringen, bevor man diese Menschen dafür verurteilt.

Irgendwann geht das Gerücht um, dass ein westlicher Spion im Zug ist. Wie spannend, finde ich, bis ich darauf aufmerksam gemacht werde, dass ich gemeint bin. Russland liebt gute Geschichten. Gerade wenn westliche Spione darin vorkommen. Mich beruhigt, dass der Schaffner definitiv zu beschickert wäre, um mich aus dem Zug zu werfen. Und die Prowodnitsa habe ich schon ewig nicht gesehen. Sie taucht erst zwei Tage später wieder auf.

Der Fotograf, mit dem ich unterwegs bin, Mirco Taliercio, hat Rückenschmerzen. Er ist bei einem Halt ausgestiegen und hat sich in einer nicht vertrauenswürdig aussehenden Apotheke etwas gegen die Schmerzen geben lassen. Mirco weiß zwar nicht, was er bekommen hat, aber es muss gespritzt werden. Ein Serum in einem Fläschchen und eine Kanüle. Das Ganze kostet ein paar Cent. Anfangs will sich Mirco verständlicherweise die Spritze nicht setzen lassen. Er hatte auf Ibuprofen gehofft. Aber davon schienen sie in dieser Apotheke nichts gehört zu haben. Als die Schmerzen Stunde um Stunde schlimmer werden, fragt mich Mirco, ob ich bereit wäre, ihm die Spritze in den Rücken zu jagen. Natürlich nicht. Ich weiß nicht mal, ob in dem Fläschchen ein Schmerzmittel ist oder der übrig gebliebene Wodka vom Vorabend.

Mirco steht auf, geht durch den Zug und trifft auf die Prowodnitsa. Sie hat eine gute und eine schlechte Nachricht. Die schlechte: Sie hat keinerlei medizinische Expertise. Die gute: Sie hat auch keine Skrupel. Die Frau nimmt die Kanüle und jagt sie Mirco in den unteren Rücken. Einen halben Tag später geht es ihm besser.

Ich werde diese Reise nicht nur deswegen nie vergessen. Auch nicht, weil die Gruppe junger Russinnen bei minus fünfzehn Grad den Zug verlässt, um am Bahnhof Speiseeis zu kaufen. Ich werde sie nicht vergessen, weil ich merke, dass ein Vielvölkerstaat wie Russland natürlich nicht in einer Woche zu verstehen ist. Das dauert länger, länger als die längste Bahnfahrt der Welt.

Russland ist komplex, chaotisch, rau, voller Widersprüche und wunderschön. Wenn man sich diesem Reich behutsam nähern möchte, gibt es dafür keinen besseren Startpunkt als eine Liege in einem der Züge der Transsibirischen Eisenbahn.

Nach über neuntausend Kilometern hat man den ersten Schritt getan.

Bernd Eilert
Zwischen Siegen und Hagen – Unbehagen und Niederlagen

O Wand'rer, der Du wähnst, Du kennest
Schon jeden Ort in diesem Land,
Warst je Du in Welschen Ennest?
Siehste, das haste nicht gekannt.

Welschen Ennest liegt an einer Bahnstrecke, die von Siegen nach Hagen führt. Oder von Hagen nach Siegen. Inzwischen weiß ich, dass mit dem Bau dieser Strecke 1857 begonnen wurde, 1861 war sie fertig gebaut. Warum sie gebaut wurde, weiß ich immer noch nicht genau.

Entdeckt habe ich die Verbindung vor vielen Jahren, als ich von Frankfurt am Main nach Emden in Ostfriesland fahren musste und einen durchgehenden Zug fand, damals noch «Interregio» genannt, der mich in gut sechs Stunden ans Ziel bringen sollte.

Bis Siegen waren mir die Ortsnamen vertraut: Gießen, Wetzlar, Dillenburg – dann wurde es fremdartig: Kreuztal, Altenhundem, Finnentrop, Werdohl, las ich an den Bahnhöfen, Namen, die Gutes nicht verheißen, und was ich sah, trug noch bei zu dem unheimlichen Eindruck, den sie mir machten, vom Zug aus gesehen, der langsam bergauf und bedeutend schneller bergab rollte, flankiert von einer Natur, die durchaus reizend schien.

Ich sah aufgegebene Industriebauten, abblätternde Schriften, Eigenheime und sinistre Imbisshallen; Menschen sah ich nicht sehr viele, doch wollte mir scheinen, als wären darunter Hundebesitzer in unverhältnismäßig großer Zahl. Große Hunde, vermutlich scharf auf den Mann dressiert, den fremden.

Vorurteile soll man besser nicht überprüfen, sie halten seiten stand, doch dann ergab sich diese Gelegenheit: im WM-Sommer 2006, zwischen dem Achtel- und dem Viertelfinale.

Einen Reiseführer über das Gebiet finde ich nicht, jedenfalls nicht bei Hugendubel, Frankfurt. Zwischen Saarland und Schwäbischer Alb findet das Sauerland nicht statt, das Siegerland fehlt ebenso, vom Rothaargebirge keine Spur. Ein gutes Zeichen.

Am zünftigsten nähert man sich dem weißen Fleck von Osten: Man nehme die «Kurhessenbahn» von Marburg. Mit bis zu dreimaligem Hupen – eine Mischung aus Nebelhorn und Quietscheentchen – nähert sich der Triebwagen über etwa zwanzig Bedarfshaltestellen Erndtebrück. Von da an geht es immer noch eingleisig weiter mit der «Rothaarbahn». Das dauert insgesamt gut zweieinhalb Stunden, hat aber den Vorteil, dass man Siegen umgehen kann. Eine Stadt, die schon im 16. Jahrhundert so unansehnlich war, dass es Rubens nicht einmal ein Jahr – das erste seines jungen Lebens – dort ausgehalten hat. Siegen hat sich seitdem verändert, nicht zum Vorteil.

Man landet also direkt in Kreuztal, elf Bundesbahnkilometer weiter nördlich.

Der Bahnhof von Kreuztal ist im Umbruch, der mehr nach Abbruch aussieht. Der Stadtplan zeigt, dass sich hier tatsächlich zwei Täler kreuzen – allerdings scheint das Kreuz leicht angeschrägt auf dem Kopf zu stehen. Dazu passt ein Graffiti an der Wand: ein fünfzackiger Stern, in dessen Zacken die Versalien «S-A-T-A-N» stehen.

Wer die Innenstadt von Kreuztal gesehen hat, wird jeden Bürger verstehen, der vom rechten Glauben abfällt und dem Teufel huldigt, der sich das hier ausgedacht hat.

«KREUZTAL – meine Stadt» warnt sein Banner in der Mitte des fast menschenleeren Marktplatzes. Nur ein unschuldiges Kind hockt mitten auf den grauen Steinen, in einer Haltung, als scheiße es auf diese Fußgängerzone, aus der alle Gebäude, die älter sein könnten als fünfzig Jahre, konsequent entfernt worden sind. Die Kreuztaler bringen gern zweierlei unter einem Dach unter: Kindertagesstätte und Seniorenzentrum, Spielhalle und Sparkasse, SPD und Polizeidirektion, Gemüseladen und Moschee. Dafür ist ihnen zu danken, weil diese Maßnahme das Einerlei relativ klein hält. Das Letzte, was ich von Kreuztal sehe, ist ein Schild, das die Höhe angibt: «275 m. ü. M.».

Das Lennetal ist längst erreicht
Und alles Schrundig-Schroffe weicht
Etwas gemütlich Rundem,
Sein Name: Altenhundem.
Und auch die Luft ist nicht zu dünn
278 m. ü. N. N.

Die nächsten vier Bahnhöfe sehen noch abweisender aus, dann aber, nur fünfzehn Kilometer weiter als Kreuztal, drei Meter höher über Normalnull, schöpfe ich Hoffnung: Schon vom Zug aus sehe ich das Hotel «Cordial», das in einer geradezu schmucken Gründerzeitvilla am Ortseingang nach Altenhundem untergebracht ist. Im Bahnhof ein Café, das von alten Damen besucht wird. Auch ein älterer Herr geht über die Sonnenterrasse, unter dem Arm die «Welt am Sonntag». Ist heute nicht Mittwoch? Bin ich etwa in einer Zeitschleife gelandet: «Und täglich grüßt das Murmeltier ...?» Nein, im «Pressecenter» gibt es die «Westfalenpost» korrekt vom 28. Juni. In Siegen ist eine «Schwiegermutter erschlagen» worden, in Herne ein «Balkon abgebrochen», «Masern im Kreis Soest» ausgebrochen, «Der nackte Wahnsinn» wird in Hilchenbach gegeben, natürlich auf der Freilichtbühne. Und in Altenhundem?

Vor dem Bahnhof wartet tatsächlich ein Taxi. Daran lehnt eine Fahrerin – wie fast alle weiblichen Wesen hier braucht sie große Füße, um ihr Gewicht zu tragen. Lässig nimmt sie die Deutschlandfahne beiseite und lässt mich ein. «Kein Problem.» Auf der kurzen Fahrt zum Hotel fragt sie, was mich nach Altenhundem führe? Als ich wahrheitsgemäß antworte, ist sie empört: «Was wollen Sie sich denn anschauen hier?! Hier gibt es nichts zu sehen!» Nach Attendorn will sie mich sogleich entführen, nur siebzehn Kilometer entfernt, aber mit Tropfsteinhöhle und Talsperre: «Tourismus eben!»

In Altenhundem gibt es den nicht, aber an der Straße, die parallel zur Bahn zurück in die Stadt führt, dafür alles, was der Mensch sonst so braucht: Lebensmittel, Haushaltswaren, Anziehsachen, Einrichtungsgegenstände, Hygieneartikel zwischen Tankstellen, Fahrschulen und Reisebüros. Es gibt sogar ein «Lichtspieltheater» mit drei Leinwänden: «Das Leben der Anderen».

Nichts ausgesprochen Hässliches ist im Angebot, ärmlich wirkt es auch nicht, nur in einer Weise gewöhnlich und austauschbar, als wäre es den Interessenten gleichgültig, was sie kaufen, wenn es nur nicht weiter auffällt.

Ich lasse mich von den modernen Fassaden nicht täuschen und finde das ältere Haus, das zu dem überragenden Turm gehört: St. Agatha.

Die Kirche ist auch nicht auffällig geschmacklos, weder außen noch innen. Eine alte Dame spricht mich an und erklärt mir, meinen schweifenden Blick bemerkend, ungefragt, dass es hier eigentlich nichts Sehenswertes gebe, abgesehen von einer Anna selbdritt: «Deshalb ist die Skulptur auch immer hinter Gittern, man sieht sie kaum.» 1902 sei die Kirche fertig geworden, nun habe man auch noch die Wände im Schiff verputzt und die Figuren des Kreuzwegs, die im nazarenischen Stil koloriert waren, abgewaschen und in tristes Schleimbraun getaucht. Dafür ist die schöne Krippe aus altem Lindenholz jetzt bunt angemalt. «Ja, so ein Pfarrer kann eben machen, was er will.» Die Dame lächelt resigniert und weist auf das erneuerte Buntglasfenster, das zentral den Altar überstrahlt. Früher habe es eine alte Kapelle am Marktplatz gegeben, aber die sei noch vor der Altstadt kaputtgegangen.

Im Krieg? – O nein, das sei alles in den Sechzigern und Siebzigern passiert, und als ihr Vater endlich Bürgermeister wurde, habe er den Abriss nicht mehr verhindern können. «Wenn das Neue wenigstens im Bauhausstil wäre!» Sie winkt ab: «Aber das, das hat ja überhaupt keinen Stil.»

Die Frau hat recht – und dennoch: kein Wort mehr gegen Altenhundem! Jedenfalls nicht von mir, denn ich habe Finnentrop gesehen.

Was folgt, ist nun ein Stück Natur
Von fast alpiner Grundstruktur:
Die Kühe auf den Matten
Werfen noch lange Schatten
Auf einen wunderlichen Ort
Es riecht nach Dämmerung und Mord.
Hier wird zersägt, gewalzt, verbleit,
Hier ist man stets gewaltbereit
Die Täter bleiben anonym
252 m. ü. M.

Der Tiefpunkt dieser Reise folgt erst am nächsten Morgen: Nur sechs Meter niedriger als das liebenswerte Altenhundem, kaum zwölf Kilometer nördlich – und doch weht hier ein anderer Wind. Darauf kann man sich gefasst machen.

Auf halber Strecke, in Grevenbrück, schaue ich mir noch das «Museum der Stadt Lennestadt» an.

Auch hier beginnt die Geschichte mit dem Bau der Eisenbahn. Schon der Internetauftritt der fraglichen Ortschaften macht den Eindruck, als sei der Schienenstrang selbst das Bedeutendste, was sie zu bieten hätten, und das Attraktivste dazu. Endlose Fotoserien dokumentieren die Schwierigkeiten beim Streckenbau, Tunnels und Brücken. Beweist die Prominenz, die der Eisenbahn eingeräumt wird, dass es eine Dampflokomotive war, die den Menschen hier einen ersten Begriff von den technischen Errungenschaften der Moderne vermittelt hat? Wurden womöglich Spitznamen aus dieser Pionierzeit volksmündlich überliefert? «Feuerross»? «Eisendrache»? «Dreckschleuder»? «Regionalexpress»?

Im Museum finde ich die Antwort nicht. Der ausgestellte Eröffnungsfahrplan zeigt, dass man vor 145 Jahren genau dreieinhalb Stunden für die 107 Kilometer gebraucht hat, heute geht es mehr als doppelt so schnell.

Die «Ruhr-Sieg-Bahn» hat die Region verändert: Puddel- und Walzwerke mit so schönen Namen wie «Schnüttgen», «Scholle», «Kampschulte & Henkel» wurden angesiedelt, die Stadtbevölkerung wuchs rapide, Finnentrop etwa hat seine Einwohnerzahl seit 1918 verfünffacht. «Viel Neues reiste per Eisenbahn in Finnentrop ein», behauptet eine Festschrift des Bürgerschützenvereins e. V. Und jetzt also auch ich.

Auf den ersten Blick ist Finnentrop die Endhärte, in einem schmalen Tal gelegen und überragt von einer Wurstfabrik, deren Gebäude wie die Trutzburg der Wellblechbüchsenarmee aussieht. Ein zweiter Blick findet nicht statt. Nach endlosen Kletterfeien durch Neubausiedlungen und Schrebergartenkolonien, geführt von Hinweisschildern, die zu einem «Schulzentrum» führen, gebe ich auf: Ein anderes Zentrum gibt es offensichtlich nicht, und ich gerate in Panik, den nächsten Zug zu verpassen, der mich aus Finnentrop hinausbringen kann.

An der Hauptstraße zum Bahnhof gibt es einen Hundesalon, ein Nachhilfezentrum, einen Motorradanhängerverleih und – nein, ein Café gibt es nicht, nur ein Schild, der Schankraum steht nämlich voller blauer Müllsäcke.

Das «Tchibo Frischedepot» ist vermutlich das letzte, das weder Cappuccino noch Café au Lait noch Latte macchiato ausschenkt – soll man sie loben, solche Resistenz? Sonst jedenfalls ist nichts lobenswert an Finnentrop.

Der Gedanke, hier einen Abend oder gar eine ganze Nacht verbringen zu müssen, treibt selbst dem härtesten Abenteuerreisenden Schweiß auf die sorgenvoll gerunzelte Stirn.

Das Gefühl der Erleichterung, das ich genieße, als ich nach sechzig endlosen Minuten in Finnentrop wieder im Regionalexpress sitze und der heutigen Tageszeitung vom 29. Juni entnehme, «In Kleinhammer wurde gestern ein neuer Briefkasten errichtet», ist unbeschreiblich. Jedenfalls für mich.

Ich überlege mir, was so schlimm wäre, wenn die Bahnstrecke von Siegen nach Hagen hinter mir wieder weggerissen würde. Oder zumindest der Bahnhof von Finnentrop …

Zukünftigen Generationen bliebe dann ein einmaliges Binnenbiotop als abschreckendes Beispiel für Stadtplanung und Baukunst ihrer Altvordern. Komplett erhaltene Ensembles aus getöntem Glas und eitel Waschbeton könnten Zeugnis ablegen von der unheimlichen Verirrung des Geschmacks in den letzten Jahrzehnten des zweiten Jahrtausends nach Christi Geburt. Ein Kapitel für sich, das unter dem Titel «Finnentropisch für Fortgelaufene» Anschauungsunterricht gibt darin, wie man mit beträchtlichem Aufwand von Geld und Zeit, Material und Menschenwitz ganze Orte unwirtlich bis unbewohnbar machen kann.

Und was ist nun mit Welschen Ennest?

«Der Name des Ortes lässt auf ein hohes Alter schließen. Er klingt fremd und hat immer zu allerlei Deutungen Anlass gegeben», raunt August Liese in seinem vergriffenen Werk «Welschen Ennest und seine Geschichte». Was ist mit diesem Rätselwort gemeint? «Welschen» – waren die Franzosen im Spiel? Ist «Ennest» eine Zusammenziehung von «ein Nest»? «Welch ein Nest»!? Ist das der Name?

Nein: «Nach dem heutigen Stand deuten wir ihn so: ‹der abseits (im Grenzwald) an enger Stelle liegende Ort›.»

Nun, ich war dort, jedenfalls beinahe, denn was ich erkennen konnte vom abseits liegenden Ort, sah nicht so aus, als wäre man auf das Erscheinen von fremden Besuchern eingerichtet, geschweige denn auf die Bewirtung von Gästen. So möge Welschen Ennest das bleiben, was es zuvor schon war: ein echter Geheimtipp.

Autorinnen und Autoren

Renate Bergmann, geb. Strelemann, 82, lebt in Berlin-Spandau. Sie war Trümmerfrau, Reichsbahnerin und hat vier Ehemänner überlebt. Renate Bergmann ist Haushaltsprofi und Online-Omi. Ihre riesige Fangemeinde freut sich täglich über ihre Tweets und Lebensweisheiten im «Interweb» – und über jedes neue Buch.

Torsten Rohde, Jahrgang 1974, hat in Brandenburg/Havel Betriebswirtschaft studiert und als Controller gearbeitet. Sein Twitter-Account @RenateBergmann entwickelte sich zum Internetphänomen. Es folgten mehrere Bestseller unter dem Pseudonym Renate Bergmann und zuletzt auch unter Günter Habicht.

Helene Bockhorst, geboren 1987 in Hamburg, ist Comedienne und Autorin. 2018 hat sie als erste Frau den Hamburger Comedy Pokal gewonnen, im selben Jahr war sie mit ihrem ersten abendfüllenden Soloprogramm «Die fabelhafte Welt der Therapie» in Deutschland, Österreich und der Schweiz auf Tour. Im Herbst 2021 begann die Tour mit ihrem zweiten Programm «Die Bekenntnisse der Hochstaplerin Helene Bockhorst». 2020 erschien ihr Debütroman «Die beste Depression der Welt».

Lisa Catena, geboren 1979 in Thun, ist Satirikerin. Zuvor hat sie die Schule und zwei Studiengänge abgebrochen und war Gitarristin einer mäßig erfolgreichen Punkrockband. Seit sie sich über ihre gescheiterte Karriere lustig macht, verdient sie damit Geld. Mit ihren Satireprogrammen tourt sie ununterbrochen durch die Schweiz und Deutschland, gewann den Swiss Comedy Award, den Stuttgarter Besen in Silber und den «Deutschen Kabarettpreis – Förderpreis». Wie man es von einer Schweizerin erwartet, ist sie pünktlich und unkompliziert. Allerdings auch komplett unneutral, schnell und politisch. Als einzige Frau im deutschsprachigen Raum hostet Catena ihre eigene politische Satiresendung im Schweizer Radio.

Matthias Egersdörfer, geboren 1969, wuchs im Nürnberger Land auf. Zunächst studierte er Germanistik, Theaterwissenschaft und Philosophie, danach Malerei an der Kunstakademie Nürnberg. Seit vielen Jahren ist er als Kabarettist, Musiker und Schauspieler bekannt. Für seine Kabarettprogramme wie «Ich mein's doch nur gut», «Vom Ding her» oder «Falten und Kleben» wurde er vielfach ausgezeichnet, unter anderem mit dem Deutschen Kleinkunstpreis, dem Bayerischen und dem Österreichischen Kabarettpreis (zusammen mit Martin Puntigam für «Erlösung»). 2019 erschien sein Roman «Vorstadtprinz». Matthias Egersdörfer lebt in Fürth.

Bernd Eilert, geboren 1949 in Oldenburg, lebt seit gut fünfzig Jahren in Frankfurt am Main, wo er zur Neuen Frankfurter Schule gehört. Er war u. a. Mitbegründer der Zeitschrift «Titanic»; eine andauernde Zusammenarbeit verbindet ihn mit dem Komiker Otto Waalkes. Für sein Schaffen als Erzähler und Übersetzer wurde Eilert mit dem Preis der LiteraTour Nord und dem Binding-Kulturpreis ausgezeichnet. Zuletzt erschien von ihm das Buch «Meine Île de Ré».

Horst Evers, geboren 1967 im ländlichen Niedersachsen, studierte Germanistik und Publizistik in Berlin, jobbte als Taxifahrer und Eilzusteller bei der Post und gründete 1990 zusammen mit Freunden «Dr. Seltsams Frühschoppen», der bald zur erfolgreichsten Lesebühne der Stadt wurde. Horst Evers erhielt u. a. den Prix Pantheon, den Deutschen Kleinkunstpreis und 2021 den Deutschen Kabarettpreis. Jeden Sonntag ist er auf radioeins zu hören. Seine Geschichtenbände und Romane sind Bestseller, zuletzt «Wer alles weiß, hat keine Ahnung» und «Bumm!». Horst Evers lebt mit seiner Familie in Berlin.

Kirsten Fuchs, 1977 in Karl-Marx-Stadt (heute Chemnitz) geboren, gewann 2003 den renommierten Literaturwettbewerb Open Mike. Zwei Jahre später veröffentlichte sie ihren viel gelobten Debütroman «Die Titanic und Herr Berg». Es folgten «Heile, heile» und «Mädchenmeute», für das sie den Deutschen Jugendliteraturpreis erhielt. Der Roman wurde zum Bestseller, 2021 erschien die Fortsetzung «Mädchenmeuterei». 2022 wurde Kirsten Fuchs mit dem W.-G.-Sebald-Literaturpreis ausgezeichnet.

Fil Tägert, geboren 1966 als Philip Tägert, gewann bereits mit zehn den Schreibwettbewerb der «Berliner Morgenpost», mit vierzehn veröffentlichte er seine ersten Comics im Berliner Stadtmagazin «Zitty». Ansonsten machte er seinen Eltern eher Kummer. Irgendwann steckte das Jugendamt den Jungen zwecks Besserung auf ein Schiff. Fil schipperte ein halbes Jahr durch die Nordsee und kam einigermaßen geläutert zurück. Nach einer abgebrochenen Ausbildung zum Kunstmaler konzentrierte er sich auf seine Arbeit als Zeichner, er ist in den letzten Jahren allerdings mindestens genauso erfolgreich als Bühnenentertainer und Sänger, der jeden Saal zuverlässig füllt, und das über hundertmal im Jahr im gesamten deutschen Sprachraum. 2014 erschien der Roman «Pullern im Stehn», 2016 folgte «Mitarbeiter des Monats», 2020 «Worte über Orte. Die Reisen des Fil».

Dennis Gastmann, geboren 1978, reiste als Auslandsreporter um den Globus. 2011 erschien sein Band «Mit 80 000 Fragen um die Welt», danach wanderte er von Deutschland über die Alpen nach Italien, um seine Sünden zu büßen («Gang nach Canossa», 2012). 2014 besuchte er die Reichen der Welt und berichtete darüber in «Geschlossene Gesellschaft». Es folgten der «Atlas der unentdeckten Länder» (2016), eine Entdeckungsreise zu den letzten unbekannten Orten unserer Erde, und sein Buch über Japan, «Der vorletzte Samurai» (2018). 2022 erschien «Dalee», Dennis Gastmanns erster Roman.

Paula Irmschler, geboren 1989 in Dresden, lebt in Köln. Sie ist Redakteurin beim Satiremagazin «Titanic» und schreibt Kolumnen für den «Musikexpress». 2020 erschien ihr erster Roman «Superbusen».

Johann König, 1972 in Soest geboren, steht seit über zwanzig Jahren auf der Bühne und gehört zu den erfolgreichsten Comedians Deutschlands. Als «Poet unter den Komikern» hat er sich in die Herzen einer großen Fangemeinde gespielt. U. a. ausgezeichnet mit dem Deutschen Comedypreis und dem Bayerischen Kabarettpreis, ist er erfolgreicher Buchautor, darüber hinaus gern gesehener Gast bei «Nuhr im Ersten» und im «Quatsch Comedy Club». Aktuell ist er als Gastgeber der TV-Show «Das Gipfeltreffen: Sträter, Schubert, König retten die Welt» im Ersten zu sehen.

Steffen Kopetzky, geboren 1971, ist Autor von Romanen, Erzählungen, Hörspielen und Theaterstücken. Sein Roman «Monschau» (2021) stand monatelang auf der «Spiegel»-Bestsellerliste, ebenso wie «Risiko» (2015, Longlist Deutscher Buchpreis). Der Bestseller «Propaganda» (2019) war für den Bayerischen Buchpreis nominiert. Von 2002 bis 2008 war Kopetzky künstlerischer Leiter der Theater-Biennale Bonn. «Grand Tour oder Die Nacht der Großen Complication» (2002; im Herbst 2023 als Taschenbuch-Neuausgabe) gilt als wichtigster Eisenbahn-Roman der jüngeren deutschen Literatur. Steffen Kopetzky lebt mit seiner Familie in seiner Heimatstadt Pfaffenhofen an der Ilm.

Juan Moreno, geboren 1972 in Huércal-Overa (Spanien), arbeitete zunächst für den WDR, dann für die «Süddeutsche Zeitung». Seitdem ist er vor allem für den «Spiegel» in aller Welt unterwegs. Moreno hat mehrere Bücher geschrieben, u. a. «Teufelsköche» (2011), «Uli Hoeneß» (2014) und zuletzt «Tausend Zeilen Lüge» (2019) über den Fall Relotius, einen der größten Medienskandale der Nachkriegsgeschichte. Das Buch wurde zum Nr.-1-Bestseller, Juan Moreno als «Journalist des Jahres 2019» ausgezeichnet. 2020 startete er für den «Spiegel» den viel beachteten Auslands-Podcast «Acht Milliarden». 2021 erschien das Buch «Glück ist kein Ort. Geschichten von unterwegs», aus dem der in diesem Buch abgedruckte Text entstammt.

Christine Prayon, geboren 1974 in Bonn, ist Schauspielerin und Kabarettistin. Bekanntheit erlangte sie durch Auftritte in der «heute-show», in «Die Anstalt» und «extra 3». Sie wurde unter anderem mit dem Deutschen Kleinkunstpreis, dem Prix Pantheon sowie dem Dieter-Hildebrandt-Preis ausgezeichnet.

Barbara Ruscher, geboren 1969 in der Nähe von Bonn, hat ein Lehramtsstudium und Referendariat in Musik und Germanistik absolviert, was ihr die Grundausbildung für die Bühne lieferte – schaffst du das, schaffst du alles. Seit 1998 ist sie auf deutschsprachigen Kabarettbühnen unterwegs. Zudem war und ist sie im Fernsehen zu sehen und im Radio zu hören, u. a. als Moderatorin der NDR-Sendung «Extra 3 Spezial: Der reale Irrsinn XXL» sowie mit Auftritten bei «Nuhr im Ersten» und in ihrer WDR2-Radiokolumne in der Reihe «Kabarettstars». 2013 erschien ihr Roman «Fuck the Möhrchen. Ein Baby packt aus», 2018 «Fuck the Reiswaffel. Ein Kleinkind packt aus».

Oliver Maria Schmitt, 1966 in Heilbronn am Neckar geboren, ist Ex-Gitarrist und -Sänger, Ex-Landtagskandidat, Ex-Student der Rhetorik und Kunstgeschichte, gelernter Ex-Chefredakteur der «Titanic», Brillenträger, Sachbuchautor («Gute Güte, Göthe», «Die schärfsten Kritiker der Elche»), Musical-Librettist
(«I want to hold your Hendl») und leidenschaftlicher Teilzeitraucher. 2006 legte er mit seinem Erzähldebüt «Anarchoshnitzel schrieen sie» den weltweit ersten «Punkroman für die besseren Kreise» vor; 2009 erschien «Der Beste Roman aller Zeiten». Bei den Bundestagswahlen 2013 trat Schmitt als Spitzenkandidat der PARTEI an, worüber er in «Mein Wahlkampf» berichtet. Das Buch «Ich bin dann mal Ertugrul» (2015) versammelt Schmitts Reisereportagen, für die er mehrfach ausgezeichnet wurde – unter anderem mit dem Henri-Nannen-Preis für seine «herausragende unterhaltsame, humorvolle Berichterstattung». Zuletzt erschien die Kolumnensammlung «Wenn schon tot, dann in Heilbronn» (2020).

Stefan Schwarz, geboren 1965 in Potsdam, ist Journalist und Schriftsteller. Er schreibt Theaterstücke und für das Fernsehen, u. a. das Drehbuch zur ARD-Serie «Sedwitz», vor allem aber Kolumnenbände wie «Ich kann nicht, wenn die Katze zuschaut» (2008) und Romane wie «Das wird ein bisschen wehtun» (2012) oder «Oberkante Unterlippe» (2016). Die Verfilmung seines Romandebüts «Hüftkreisen mit Nancy» wurde 2019 mit großem Erfolg im ZDF ausgestrahlt. Seine Lesungen genießen Kultstatus. Stefan Schwarz lebt mit seiner Familie in Leipzig.

Katrin Seddig, geboren in Strausberg, studierte Philosophie in Hamburg, wo sie auch heute mit ihrer Familie lebt. Über «Runterkommen» (2010) schrieb die «taz»: «Ein brillantes Debüt ... Anrührend, witzig und nüchtern.» Über «Eheroman» (2012) urteilte «Der Tagesspiegel»: «Grandios, wie Katrin Seddig jeder ihrer Figuren einen eigenen Ton verleiht.» Zuletzt erschienen der Roman «Sicherheitszone» (2020), für den Seddig mit dem Hamburger Literaturpreis und dem Hubert-Fichte-Preis ausgezeichnet wurde, und der Roman «Nadine» (2023).

Cordula Stratmann, 1963 in Düsseldorf geboren, absolvierte ihre ersten Bühnenauftritte als die von ihr erschaffene Kunstfigur Annemie Hülchrath beim alternativen Kölner Karneval. Von 1998 bis 2008 war sie in dieser Rolle regelmäßig zu Gast bei der WDR-Sendung «Zimmer frei». Zudem drehte sie elf Folgen von «Annemie auf Hausbesuch», danach kam die Reihe «Annemie Hülchrath – der Talk». Mit ihrem ersten Bühnen-Soloprogramm «Andererseits wiederum» feierte sie 2001 Premiere. 2003 erschien ihr erstes Buch «Ich schreibe, aber lesen müssen Sie selbst». Es folgten zwei weitere Bestseller-Romane und andere Veröffentlichungen. Cordula Stratmann spielte die Hauptfigur in der SAT.1-Produktion «Schillerstraße», dem ersten Impro-Format im Deutschen Fernsehen. In Serien sowohl in der ARD wie auch im ZDF war sie in Hauptrollen zu sehen, in mehreren Kinoproduktionen hat sie ebenso mitgewirkt. Für ihr Schaffen wurde Cordula Stratmann vielfach ausgezeichnet, von Comedy-Preisen bis zur Goldenen Kamera, dem Bayerischen Fernsehpreis u. a.

Lea Streisand, geboren 1979 in Berlin, studierte Neuere deutsche Literatur und Skandinavistik. Sie schreibt Kolumnen für die «taz» und hat eine wöchentliche Hörkolumne auf radioeins. Zudem ist sie Autorin mehrerer Bücher: 2016 erschien «Im Sommer wieder Fahrrad», 2019 «Hufeland, Ecke Bötzow» und 2022 «Hätt' ich ein Kind». Streisands Radiokolumnen sind erschienen unter dem Titel «War schön jewesen. Geschichten aus der großen Stadt».

Jörg Thadeusz, geboren 1968 in Dortmund, ist Journalist, Moderator und Autor. Für seine Außenreportagen bei «Zimmer frei» erhielt er den Grimme-Preis. Er moderiert die politische Gesprächssendung «Thadeusz und die Beobachter» im rbb-Fernsehen. Bei WDR2 befragt er in seiner Abendsendung Menschen, die etwas zu sagen haben. Er ist wöchentlicher Kolumnist der «Berliner Morgenpost» und Autor mehrerer Bücher, darunter «Aufforderung zum Tanz» (gemeinsam mit Christine Westermann, 2008), «Die Sopranistin» (2011) und «Die vereinigten Zutaten von Amerika» (gemeinsam mit Anna Engelke, 2012); zuletzt erschien der Roman «Steinhammer» (2023).

Dietmar Wischmeyer, Autor und Kolumnist, zählt zu den erfolgreichsten Protagonisten der deutschen Humorwirtschaft.

Er tourt mit wechselnden Programmen durch Deutschland, u. a. mit Oliver Kalkofe oder Oliver Welke. Er tritt regelmäßig in der «heute-show» auf und ist bei radioeins, radio ffn, Radio Bremen und im WDR zu hören. Zahlreiche Preise, darunter der Deutsche Comedypreis (2012) und der Deutsche Fernsehpreis (2014, 2020). 2013 erschien «Frank Bsirske macht Urlaub auf Krk» (mit Oliver Welke), 2017 «Vorspeisen zum Jüngsten Gericht», 2021 der Roman «Begrabt meinen rechten Fuß auf der linken Spur».

Hans Zippert, geboren 1957 in Bielefeld, ist Journalist und Satiriker. Von 1990 bis 1995 war er Chefredakteur der Satirezeitschrift «Titanic». Danach arbeitete er für die «Frankfurter Allgemeine Zeitung», die «Süddeutsche Zeitung», «Geo Wissen» und «Hörzu». Zudem ist er Autor zahlreicher Bücher, zuletzt erschienen «Zippert steigt auf» (mit Achim Apell, 2019) und «Wie Hitler mir das Leben rettete» (2022). 2007 und 2011 wurde Zippert mit dem Henri-Nannen-Preis ausgezeichnet. Die Kolumne «Zipperts Wort zum Sonntag» erscheint wöchentlich auf Seite eins der «Welt am Sonntag».